LA SCIENCE DES CAMPAGNES

PREMIÈRES LEÇONS

DE

NATATION

CONSEILS PRATIQUES

SUR

Le Sauvetage dans les eaux intérieures, fleuves, rivières, etc.

précédés d'une

NOUVELLE MÉTHODE

POUR APPRENDRE A NAGER EN QUELQUES LEÇONS

Par M. J.-A. CONSEIL

Ancien Capitaine de port.

PARIS
LIBRAIRIE CLASSIQUE DE PAUL DUPONT
Rue de Grenelle-Saint-Honoré, 45.

1865

PREMIÈRES LEÇONS

DE

NATATION

Paris. — Imprimerie Paul Dupont, rue de Grenelle-Saint-Honoré, 45.

LA SCIENCE DES CAMPAGNES

PREMIÈRES LEÇONS

DE

NATATION

CONSEILS PRATIQUES SUR LE SAUVETAGE

DANS LES EAUX INTÉRIEURES, FLEUVES, RIVIÈRES, ETC.

PRÉCÉDÉS D'UNE

NOUVELLE MÉTHODE POUR APPRENDRE A NAGER

EN QUELQUES LEÇONS

PAR

M. J.-A. CONSEIL

Ancien capitaine de port

PARIS

LIBRAIRIE CLASSIQUE DE PAUL DUPONT

Rue de Grenelle-Saint-Honoré, 45

1865

Fig. 1re Chevalet. P. 30.

INTRODUCTION

Jusqu'à l'âge de neuf ans l'enfant n'apprend que forcément à lire. Conséquemment, qu'on lui fasse lire sa leçon dans un conte de Perrault, dans un traité d'agriculture ou un manuel de sauvetage, peu lui importe. Mais de sept à neuf ans il apprend facilement par cœur, et quand on lui donne quelques lignes à apprendre, par jour, il les retient parfaitement pendant toute sa vie.

De neuf à douze ans, sa jeune imagination aime le merveilleux, le fantastique; aussi, si vous lui demandez : Que préférez-vous, ce livre où sont les contes de fées, ou un traité de sauvetage? Sans hésiter, il vous dira les contes de fées, et c'est tout naturel ; mais il faut savoir le contraindre à sacrifier l'agréable à l'utile; et lui faire continuer à apprendre par cœur les procédés les plus élémentaires, qui sont toujours les meilleurs et qui peuvent lui servir un jour. A douze ans, l'éducation primaire du peuple est faite, et les parents réclament de lui une participation à la dépense commune; c'est donc plus particulièrement à l'enfant du peuple qu'est destiné notre ouvrage.

C'est parmi le peuple que se forment les meilleurs sauveteurs; le dévouement y est plus spontané, l'abnégation plus complète et l'habitude du danger plus familière. C'est pour cela que j'ai cru devoir mettre à son service un enseignement et des règles qui puissent développer d'une façon plus profitable les bons instincts de sa nature. Je pense aussi qu'il n'est pas sans intérêt de présenter ici, et comme avant-propos, des considérations générales sur cette intéressante question du sauvetage.

Ainsi je ne saurais trop engager les sauveteurs, à tel âge qu'ils appartiennent, à se bien pénétrer de l'instruction qui est à la fin de cet ouvrage pour donner les premiers secours à une personne qui est sauvée dans un état apparent d'asphyxie. C'est un point très-important à bien connaître pour un sauveteur, car des premiers soins donnés, quand ils le sont avec intelligence, dépend souvent le salut de la personne en danger. La vie, chez elle, n'a souvent qu'une étincelle; mais cette étincelle, ménagée comme il convient, peut rallumer le feu, tandis que la moindre maladresse peut l'éteindre à jamais. J'engage surtout mes jeunes lecteurs et toutes les personnes qui liront cet ouvrage à se débarrasser de ce préjugé ridicule, si elles l'ont, de ne devoir pas toucher à un cadavre. Sans doute elles ont raison quand, par la décomposition, tout prouve que la mort remonte à plusieurs jours ; mais quand rien ne vient démontrer qu'il a séjourné trop longtemps sous l'eau, quand surtout on a toute présomption de croire que le malheur est récent, il y a inhumanité à suivre un préjugé barbare, et on ne saurait trop promptement donner les premiers soins avec les précautions voulues : car une personne qui ne donne plus signe de vie et qui a séjourné, même vingt minutes, sous l'eau avant qu'on la sauve, peut quelquefois, avec des soins persistants être ramenée à la vie.

Je rappellerai aussi aux personnes qui, par un éloignement assez naturel pour ce qui contriste, refusent de recevoir une personne sauvée dans un état complet d'asphyxie, que quelques soins auraient peut-être rappelée à la vie, que c'est là un fait coupable et susceptible d'être puni par les lois ; je dirai donc à mes jeunes lecteurs : si ayant sauvé ou aidé à sauver une personne pareil refus vous était fait, parlez haut et ferme au nom de la loi puisqu'on méconnaîtrait les lois naturelles de l'humanité. Ne craignez pas de menacer, et protestez hautement contre la personne assez dénaturée pour agir ainsi. Souvent en plaçant le noyé gelé et engourdi dans le lit chaud qu'elle quitterait pour lui, elle lui sauverait la vie. Donc refuser en pareil cas est un délit et presque un meurtre ; c'est tuer le moribond aussi sûrement que si on lui avait donné un coup de poignard. Il est triste de penser que beaucoup de gens ne comprennent pas cela.

Les recommandations que je fais à mes jeunes lecteurs et à mes lecteurs de tous les âges, je les adresse autant à un sexe qu'à l'autre, car c'est un préjugé ridicule que de croire qu'une femme n'est pas aussi apte qu'un homme à donner des secours dans un événement délicat. Quant à moi, excepté pour les soins où il faut déployer beaucoup de force, je la crois plus apte qu'un homme pour donner des secours intelligents et persistants. Aussi respectai-je à l'égal d'un sauveteur une sauveteuse, si je puis m'exprimer ainsi. Je m'adresse donc ici aux deux sexes et les engage à conserver beaucoup de sang-froid et de présence d'esprit quand ils sont appelés à donner des secours, car la plus petite erreur, en pareil cas, peut devenir mortelle. Or, savez-vous, chers lecteurs, le meilleur moyen pour conserver tout cela ? C'est de n'avoir rien à craindre pour soi-même qu'un peu de fatigue et de travail ; c'est pourquoi j'engage très-fort les sauveteurs à se munir, quand ils vont donner des secours, de moyens d'insubmersion. Mais, dira-t-on peut-être, où est alors le dévouement, puisque vous éloignez le danger ? Il est dans la persistance que vous mettez à donner vos secours aux personnes en danger et à soigner les malades. Rappelez-vous cet adage de la vraie bravoure : «La valeur n'est valeur qu'autant qu'elle est utile » et appliquez-le au sauvetage, en le fortifiant de celui du vrai sauveteur : «Le dévouement n'est vraiment méritant que quand il s'allie à la prudence. » Surtout ayez de l'ordre et de la subordination; le sauveteur ne doit jamais songer quelle sera sa récompense pour agir : il doit le faire avec abnégation, sa belle action dût-elle rester inconnue. Une personne réduite à ses seules ressources, dans un grand désastre, ne peut rendre que des services selon ses forces, qui sont souvent insuffisantes. Mais quand elle se rallie à d'autres sous les ordres d'un chef capable et intelligent, quand elle exécute ponctuellement, sans cris, sans confusion, sans observation, les commandements qui lui sont donnés, elle a autant de mérite que celui qui commande, et elle en a davantage si, aussi capable que le chef, elle agit avec intelligence sous ses ordres. Dans un tel cas, honneur au sauveteur qui sans égard aucun aux récompenses que distribue le gouvernement, agit selon les préceptes de l'Évangile, fait du bien à son frère et vole à son secours, sans préalablement s'enquérir de sa foi ou de son opinion dès qu'il le voit en danger. Tôt ou tard, il en sera récompensé, si ce n'est ici-bas, ce sera là-haut, où tout nous est compté. Et n'a-t-il pas déjà cette récompense dans la satisfaction qu'il éprouve en voyant la personne qu'il a arrachée à une mort certaine et pouvant se dire intérieurement : elle me doit la vie. Croyez, chers enfants, à cette joie intime qu'on éprouve d'avoir fait une bonne action.

Je crois devoir commencer ce cours de sauvetage dans les eaux intérieures par la natation, que je considère comme la pierre fondamentale du sauvetage. Si demain je gouvernais un empire, la natation deviendrait obligatoire aux deux sexes au bout de deux ans, à moins d'empêchement par force majeure. Me suis-je trompé ? je suis prêt à le reconnaître et à rectifier ce qui serait reconnu mauvais. Ce livre est un premier essai, et j'espère qu'il en inspirera bien d'autres beaucoup plus compétents. Ce serait pour moi une grande gloire d'avoir le premier implanté l'art de sauver dans l'éducation populaire. Puissé-je voir avant de mourir se réaliser ce progrès qui n'est pas indigne de figurer à côté de tant d'autres qui marqueront l'époque du règne de Napoléon III.

Puisse ce petit traité servir à préserver d'un danger malheureusement trop fréquent en propageant le goût de la nation et en développant les sentiments et les qualités qui constituent le vrai sauveteur.

J. A. Conseil.

J'ai divisé cet ouvrage en sections et en leçons; ayant remarqué que les enfants apprennent plus facilement une leçon déterminée qu'une certaine quantité de lignes sans point d'arrêt. Il m'a paru convenable de donner d'abord l'explication des termes particuliers aux sujets que je traite, parce que presque jamais on ne se donne la peine de lire les notes qui sont au bas de la page, et que si je n'avais pas expliqué ces termes qui ne sont pas familiers, beaucoup d'enfants ne m'auraient pas compris.

DÉFINITIONS

Avant d'entrer en matière, nous croyons utile d'initier les enfants à la définition d'une foule de mots dont nous nous servons dans ce manuel, afin qu'il n'y ait aucune confusion dans leur esprit sur ce que nous voulons leur dire. Nous avons cru aussi devoir adopter la forme dialoguée.

— *Que nommez-vous eaux intérieures ?*

Ce sont celles qui circulent au milieu des terres et qui ne sont pas salées.

— *Quels noms donnez-vous aux différentes eaux intérieures ?*

Je les distingue tout d'abord en *eaux courantes* et en *eaux dormantes.* Dans les premières, je classe les fleuves, rivières, cours d'eau, torrents, ruisseaux et canaux.

Dans les secondes, je comprends les mers intérieures, les lacs, étangs et pièces d'eau.

— *Définissez-moi ce que signifient ces différents noms?*

Un fleuve est un cours d'eau considérable formé de plusieurs affluents et qui aboutit à la mer; la partie où il se jette dans la mer se nomme *embouchure.*

Une rivière est un cours d'eau qui, indépendamment de la source principale d'où elle naît, reçoit comme affluent plusieurs cours d'eau et va se jeter dans une autre rivière ou dans un fleuve. L'endroit où elle se jette se nomme *confluent.*

Ce que nous allons dire de la rivière s'applique-t-il également au fleuve?

Un cours d'eau à sa source, et même sur une partie de son parcours, qu'il soit appelé à devenir rivière ou fleuve, n'est pas assez large et assez profond pour porter bateau; mais recevant les eaux de tout le voisinage qui s'y jettent, il grossit, grossit sans cesse, et si ces affluents d'eau sont nombreux, il devient bientôt assez large et assez profond pour porter bateau. C'est alors une rivière navigable. Les rivières non navigables peuvent être flottables, c'est-à-dire servir au transport des bois par flottaison.

L'espace creux dans lequel une rivière ou un cours d'eau coule se nomme *lit.*

Les deux côtés de ce lit se nomment *rives.*

Celle qui est à droite, quand on regarde par où va le courant, se nomme *rive droite,* celle qui est à gauche, *rive gauche.*

Le cours que prend l'eau en coulant vers la mer se nomme *courant,* il est plus ou moins rapide, selon la déclivité du sol; ce qui fait que parfois une rivière coule tranquillement, d'autres fois comme un torrent.

Toutes les fois qu'on regarde un courant, celui qui vient à nous se nomme *courant d'amont,* celui qui nous fuit se nomme *courant d'aval.* Les objets *en amont* d'une rivière sont donc ceux qui se trouvent au-dessus de vous par rapport au courant, et ceux qui sont *en aval* sont ceux qui se trouvent au-dessous.

On rencontre dans le lit d'une rivière des *îles*, des *roches*, des *bancs*. Vous savez tous qu'une île est un espace entouré d'eau de tous côtés. A moins que cette île soit tout à fait ronde (ce qui est extrêmement rare) elle est oblongue, et ses deux extrémités dans sa plus grande longueur se nomment *pointes*. Comme ordinairement il y a plus d'eau au pointail d'amont qu'au pointail d'aval, cette partie d'aval se nomme *atterrissage*. C'est ordinairement la partie de l'île la plus facile à aborder, parce que l'île empêchant le courant d'y être fort, il y est souvent presque nul. C'est ce que l'on nomme la *molle eau*.

Les *bancs* sont ordinairement des élévations du lit formées par du sable ou de la vase ; ils sont presque toujours couverts par l'eau ; ce sont enfin des îles sous l'eau. Aussi, les parties d'un banc prennent-elles les noms des parties identiques d'une île : on dit les pointails d'un banc, un atterrissage, etc. ; seulement quand un pointail d'un banc est escarpé, on dit que le banc est accoré. C'est ordinairement celui d'amont qui est ainsi.

Les bancs qui sont dans les rivières sont de trois sortes : bancs de roches, bancs de sables, bancs de vase. Les premiers sont les plus dangereux.

Quand deux bancs de roches ou deux îles se rapprochent, elles rétrécissent beaucoup le lit où passe le courant, et alors l'eau de ce courant comprimée acquiert une grande vitesse ; aussi leur donne-t-on le nom de *rapides*. Les rapides sont ordinairement des endroits fort dangereux, car ils sont presque toujours parsemés de roches dessous et dessus l'eau.

Souvent une rivière a son cours traversé par un banc de roches, ce qui fait qu'elle a ses eaux bien plus élevées dans une partie, celle qui est en amont de ce banc de roches, qu'elle ne l'est en aval, alors elle tombe d'une assez

1.

grande hauteur et avec d'autant plus de fracas que la différence entre les deux niveaux de l'eau est plus grande, c'est ce que l'on nomme *une chute*.

L'embouchure des fleuves est ordinairement fort encombrée de bancs et fort dangereuse; on nomme les passages entre ces bancs *chenals* ou *passes*.

Les bancs sont souvent de deux sortes : les uns fixes, les autres changeants. Ces derniers sont fort dangereux, c'est ce qui contraint les pilotes à visiter souvent les passes pour voir si elles n'ont pas changé.

Les rives d'une eau intérieure sont formées de différentes substances : de terre, de sable (ce qui est rare), de vase ou de roches; quand elles sont presque à pic, on dit qu'une rive est *escarpée;* quand elles sont en pente douce, on dit que les rives sont *guéables*.

Une rivière n'a pas son cours en droite ligne, elle fait ordinairement de nombreux circuits, décrit vingt méandres. Dans ce parcours, si une partie de la rive fait saillie sur la rivière, on la nomme *pointe*, et si cette pointe est escarpée, on la nomme *cap*.

Les pointes projetant le courant au large d'elles, l'eau qu'elles ont détournée de son cours, quand elle devient libre de le reprendre, décrit une espèce de cercle qui la fait revenir sur elle-même; c'est ce que l'on nomme *contre-courant* ou *retour*.

Cette eau, qui revient sur elle-même, doit aller reprendre son cours pour être entraînée par le grand courant; mais avant de le faire, sa vitesse diminue pendant un moment, et devient presque nulle: c'est encore cet endroit-là où l'on a la molle eau et où l'abordage est plus facile.

Souvent, par suite des obstacles qu'il rencontre sous l'eau, le courant, ou plutôt une partie du courant, tourne circulairement comme l'eau qu'on remue circulairement dans un baquet, décrivant une spirale et entraînant vers le centre tous les objets qui sont dans son rayon d'action, les précipitant au fond pour les faire de nouveau revenir par une autre spirale inverse, à la surface de l'eau et à la circonférence, et les attirer derechef; ce sont des endroits fort dangereux que l'on nomme *entonnoirs* : ils le sont surtout pour les personnes à la nage.

On se rappelle que ce que nous venons de dire pour les rivières s'applique également aux fleuves, aux cours d'eau et aux ruisseaux.

Un cours d'eau est une petite rivière trop peu large pour qu'on puisse y naviguer avec un canot; on peut souvent le franchir en sautant.

Un torrent est un cours d'eau qui a une grande déclivité, et où, par conséquent, l'eau coule avec une très-grande rapidité, se creusant un lit profond ordinairement encombré de roches et formant des cascades en différents endroits, c'est une eau courante impropre à la navigation, qui souvent est le fléau du pays où il agit, car il entraîne tout devant lui.

Un torrent est permanent ou accidentel. Dans le premier cas, on règle son cours, et il n'est plus dangereux; dans le second, il l'est beaucoup, car lorsqu'il commence, il est impossible d'en empêcher les ravages.

Vous savez tous ce que c'est qu'un *ruisseau;* tous vous en avez suivi avec délices les méandres dans une prairie ou dans la campagne, écouté le murmure, et cueilli des fleurs sur ses rives; tous vous avez vu ceux qui bordent les rues. On nomme ruisseau, en général, un petit cours d'eau que l'on peut enjamber facilement; lorsqu'un ruisseau tombe par-dessus un banc de roches, ou de roche en roche, formant des nappes d'eau gracieuses, on nomme cet endroit une *cascade.*

Lorsqu'un cours d'eau est creusé de main d'homme, on lui donne le nom de *canal* : c'est ordinairement un ouvrage fait pour éviter les longs détours que fait une rivière et transporter en ligne droite les bateaux qui auraient été obligés d'en suivre les sinuosités ; ordinairement aussi, dans un canal, il n'y a pas de courant, parce qu'à sa prise d'eau dans la rivière ou le fleuve, il y a une écluse fermée par des portes comme à son embouchure.

Lorsqu'un canal est assez étroit pour ne pas pouvoir servir à la navigation et qu'il est seulement destiné à dessécher ou à arroser les terres, on le nomme *canal d'irrigation*, et en Flandre où ils sont communs, *water gant*.

— *Définissez-moi actuellement les eaux dormantes, telles que petites mers, lacs, pièces d'eau, étangs ?*

Une *pièce d'eau* est une profondeur où les eaux se rassemblent, et qui n'ayant pas d'issue, ou d'écoulement sont au moins en apparence, stagnantes.

Les pièces d'eau ont aussi leurs rives plates ou escarpées, mais qui ne risquent pas à être ravagées par l'eau que contient la pièce d'eau, comme dans une eau courante ; aussi nomme-t-on ces rives *bords*.

Quand une pièce d'eau est très-grande, contenant des dizaines, centaines d'hectares, par exemple, on la nomme *étang*.

Quand un étang a plusieurs lieues de superficie, il prend le nom de lac ; il s'y établit alors une navigation régulière de petits navires.

Enfin, quand un lac a une très-grande étendue, des centaines de lieues carrées de surface, par exemple, on le nomme mer intérieure. On donne aussi ce nom à de grands amas d'eau qui se forment dans l'intérieur des terres et qui sont en communication avec des fleuves dont ils reçoivent les eaux et qui servent à leur écoulement.

Sur ces mers intérieures, il s'établit une navigation avec

des navires même très-grands. Ils ont leurs tempêtes qui sont fort dangereuses, leurs îles, leurs bancs et autres écueils; il en est de même des lacs, et même des étangs, où l'eau agitée par le vent forme souvent des vagues fort élevées et fort dangereuses; les naufrages y sont fréquents.

Sur les bords des eaux intérieures comme sur les bords de la mer, les anfractuosités de la côte ou des rives forment des *ports*, des *rades*, des *mouillages*, des *abris*. Telles sont sommairement ce que l'on nomme eaux intérieures.

—Les eaux intérieures ne servent-elles qu'à la navigation?

Elles servent aussi à la conservation et à la reproduction des nombreuses espèces de poissons et ainsi qu'à l'irrigation des terres.

— Les eaux intérieures n'ont-elles pas une végétation qui leur est propre?

Si, car de même que le fond des mers est tapissé de plantes aquatiques que l'on nomme varechs, en général, les eaux intérieures ont leurs herbiers, leurs plantes grimpantes, leurs roseaux qui croissent sur leurs bords, et surtout dans les endroits où le courant est le moins rapide, où presque toujours il y a de la vase. C'est une prévoyance de la nature pour donner un refuge au *fretin* et un abri aux œufs du poisson.

— Entre toutes ces herbes, quelles sont celles que vous considérez comme les plus dangereuses pour les nageurs?

Ce sont les herbes de fond qui viennent s'épanouir à la surface de l'eau, et spécialement les *lacets*. Les lacets sont une espèce de chiendent, dont les fils ont souvent plusieurs mètres de longueur, terminés par quelques feuilles qui viennent flotter au-dessus de l'eau ; ils sont fort dangereux pour une personne qui nage et qui est obligée de traverser les places d'eau qu'ils tapissent, mais c'est encore une prévoyance de la nature pour conserver les œufs du poisson et le fretin. Les herbes qui s'élèvent au-dessus de l'eau, dans l'air, enfin les plantes de la classe des roseaux qui tapissent ordinairement le bord des rives et en défendent même souvent les abords, vous sont bien connues et je ne leur donnerai pas d'autre nom que celui de *roseaux*. C'est aussi un bon refuge pour le poisson.

— *Que nommez-vous rivages et débarcadères ?*

Ce sont des endroits où l'on peut accoster la rive. Un rivage est naturel ou il est fait de main d'homme ; c'est un plan incliné, ordinairement pavé, placé dans un endroit un peu abrité du courant, où l'on peut accoster avec un bateau.

Un *débarcadère* est toujours un endroit préparé de main d'homme pour servir à l'embarquement et au débarquement des personnes qui veulent traverser la rivière dans le bateau qu'on établit sur ce point et que pour cette raison on nomme *passager*. Quand le débarcadère s'avance sur la rivière et est construit de manière à s'élever au-dessus du sol, on le nomme *chaussée*. Quand cette chaussée aboutit à un quai et doit servir à l'embarquement et au débarquement des marchandises, on le nomme *môle*.

On n'établit des bateaux passagers que sur les rivières ou cours d'eau navigables, parce qu'il ne faut pas barrer le passage aux bateaux qui vont et viennent ; mais quand c'est dans la partie où la rivière ne porte pas bateau et qu'on peut, au moyen d'une corde, joindre les deux rives, on se sert, pour passer, d'un chaland qui glisse le long de cette corde, et ce chaland se nomme *bac*.

— *Que nommez-vous quais?*

C'est la partie d'une rive construite en maçonnerie pour empêcher l'éboulement des terres, et qui est baignée par les eaux d'une rivière traversant une ville ou longeant une de ses parties. Un quai sert aussi à la circulation et au dépôt des marchandises; dans ce cas, on le nomme *port*.

Il faut qu'il y ait des échelles le long d'un quai, de distance en distance, pour donner la faculté de descendre de dessus le quai jusqu'à l'eau et de remonter de l'eau sur le quai. De distance en distance aussi, il y a des portions de quais en plan incliné, qui vont du niveau du quai au fond de la rivière et que l'on nomme *cales*.

— *Qu'est-ce qu'un pont?*

C'est une voie de communication faite en maçonnerie, en bois, ou suspendue, sur une eau courante, pour communiquer sans bateau et à tout moment, d'une rive à l'autre.

Les bâtis en pierres qui soutiennent cette voie se nomment *piles*. L'intervalle ordinairement cintré qu'ils laissent entre eux pour permettre à l'eau de s'écouler, se nomme *arche*.

Les revêtements en pierres qu'on met pour leur servir de garde-corps se nomment *parapets*.

Les deux extrémités d'un pont se nomment *têtes*. Les ponts en maçonnerie risquent fort à être enlevés dans les grandes crues d'eau que l'on nomme débordements, ou plus encore en hiver, quand la rivière, au dégel, charrie des glaçons, souvent en fort grand nombre, qui les obstruent et s'opposent à l'écoulement rapide des eaux; c'est ce qui fait que dans les endroits où la distance des deux rives n'est pas très-considérable, on établit d'autres espèces de ponts, que l'on nomme *ponts suspendus*. Ceux-ci sont formés d'un long plancher suspendu à des câbles en fil de fer, qui sont tenus des deux côtés de la rivière, par des piles à ce destinées qui supportent les câbles auxquels est suspendu le pont.

Un pont suspendu se compose donc de trois parties principales : les *piles*, les *câbles*, le *tablier* qui n'est autre que le plancher sur lequel on passe. Cés ponts sont bien moins susceptibles que les autres d'être enlevés par un débordement et surtout par une débâcle, puisqu'ils ne forment qu'une seule arche.

— *N'y a-t-il pas encore d'autres ouvrages de main d'homme que l'on rencontre très-souvent sur les bords d'une eau courante?*

Oui, on y rencontre souvent des écluses, des portes, des vannes, des roues hydrauliques, des chaussées, des digues, etc.

— *Expliquez-moi ce que signifient tous ces noms?*

Une *écluse* est une porte que l'on ouvre pour faire une prise d'eau à la rivière, afin d'alimenter un canal. Il y en a ordinairement une à chaque extrémité du canal, écluse d'entrée et écluse de sortie, la première se nomme écluse d'amont, l'autre écluse d'aval.

Une *vanne* est une écluse plus petite que les écluses des canaux, elle est ordinairement formée d'une seule porte : on la nomme *éclusette*, quand elle n'est pas destinée à fournir de l'eau à un moulin ou à l'arrêter pour remplir son étang.

Souvent, dans les portes d'écluses, il y a des *vannes* pour laisser écouler le trop plein de l'eau ; on les met aux portes d'aval.

Une *roue hydraulique* est une large roue à aubes, destinée à faire mouvoir une machine, pour remplacer une machine à vapeur.

Une *chaussée* est un chemin que l'on construit sur un espace qui est ordinairement baigné par l'eau des deux côtés, c'est sur elle que l'on marche pour communiquer d'une terre à une autre.

Une *digue* est un ouvrage fait en terre et en maçonnerie pour empêcher, lorsqu'une rivière se grossit par une circonstance quelconque, grandes pluies, fontes de neige, ou une autre cause qui fait monter les eaux au-dessus des terres avoisinantes, dans certains endroits où elles sont plus basses que le niveau de la rivière, qu'elles en soient inondées.

— *Dans vos réponses, vous vous êtes souvent servi des mots méandre, déclivité, etc., veuillez m'expliquer ce qu'ils signifient ?*

On nomme méandre ces courbes que décrit un cours d'eau, qui les font souvent revenir sur lui-même et qui allongent considérablement son parcours ; c'est encore un bienfait de la nature que ces courbes capricieuses que décrivent les eaux courantes, elles leur font arroser plus de terrain, et cet arrosement se nomme *irrigation*. Donc, quand on conduit l'eau par différents filets sur un terrain, pour l'arroser, on dit qu'on l'irrigue.

On nomme *déclivité* la pente qu'a un terrain.

Amarrer est un terme de marine qui veut dire attacher.

Un *terrain escarpé* est une terre qui est coupée presque droit comme une muraille.

Aborder, c'est toucher la rive ou un objet.

Accoster, c'est s'approcher presque à toucher.

Circulairement, c'est tourner en rond.

Décrire, c'est tracer.

Spirale, objet rond, diminuant en pointe jusqu'au bout, comme une vis.

Surface ou *superficie*, c'est la partie extérieure des choses ; ainsi la surface de l'eau est ce que l'on voit de l'eau.

Prise d'eau, ce mot s'explique de lui-même ; c'est l'endroit où commence un canal dans une eau courante ; ce point est nécessairement plus élevé que l'écluse de sortie.

Irrigation, c'est l'arrosement des terres au moyen de petits canaux que l'on ouvre et qui ont leur prise d'eau à l'eau courante, dormante, ou au canal ; ces petites tranchées, que l'on fait en terre, se nomment *rigoles*.

Écueils, c'est un danger quelconque en-dessous et en-dessus de l'eau ; les premiers sont les plus dangereux, parce qu'on ne les voit pas.

Port, c'est un endroit où les navires, les bateaux, les barques s'amarrent à quai pour y décharger leurs marchandises et en charger. C'est enfin là que commence et finit un voyage.

Rade, c'est un endroit à l'abri des tempêtes, où un navire peut rester à l'ancre, soit pour attendre que le temps devienne meilleur, soit pour communiquer avec la terre.

Mouillage, c'est un endroit où le fond permet à l'ancre de pénétrer dans le sol et de s'y accrocher pour y mouiller un navire, mais qui n'est abrité des tempêtes que de certains vents.

Mouiller, c'est l'action de jeter une ancre au fond pour arrêter un navire ou une barque.

Ancre, vous savez tous ce que c'est et on n'a pas besoin de vous décrire ce crochet double, en fer, qui est retenu au navire par une grande corde ou chaîne que l'on nomme *câble*. Il en est de bien des sortes, mais quelle que soit la manière d'arrêter un navire quand il n'est pas amarré à terre, on dit mouiller.

Affluents, ce sont les différents cours d'eau qui viennent se jeter dans une rivière ou dans un fleuve.

Gué, c'est un endroit où l'on peut passer d'un côté à l'autre d'une rivière, sans avoir besoin de bateau.

Niveau se dit de deux objets qui ont exactement la même hauteur.

Déversement, c'est l'eau qui se répand d'un endroit dans un autre plus bas, et coule dans cet endroit-là jusqu'à ce que ces eaux soient venues de niveau.

Infiltration, ce sont des filets d'eau qui, se faisant issue au travers d'une digue, d'un mur ou d'un ouvrage quelconque, qui est baigné par un fluide d'un côté et à sec de l'autre, travaillent sourdement à en désagréger les parties d'abord très-faibles; elles augmentent sans cesse de puissance et finissent par devenir tellement fortes, qu'elles renversent tout si on ne les arrête. Les arrêter d'abord, quand on en découvre l'origine, n'est pas difficile, mais quand elles sont devenues puissantes, ce l'est beaucoup. Or, découvrir l'origine d'une infiltration n'est pas toujours facile, car le chemin qu'elles parcourent n'est jamais en droite ligne, et il est fort difficile de le suivre ; mais, quand on observe bien l'eau et qu'on est à leur prise d'eau, on voit qu'il se forme là un petit entonnoir ; c'est lui qu'on doit boucher. Une fois qu'il l'est, le mal est arrêté, du moins provisoirement ; les infiltrations sont fort dangereuses, surtout dans les digues faites en terre, en sable particulièrement, et à cause de leur facilité à se désagréger.

— *Que nommez-vous débordement?*

Pendant une grande partie de l'année une eau courante a presque toujours le même niveau, mais cependant en été où il ne pleut pas beaucoup, les eaux baissent considérablement, et tellement quelquefois qu'il n'est plus possible de naviguer et qu'en différents endroits on peut passer la rivière sans bateau, ce que l'on nomme passer une rivière *à gué*. Alors le courant est très-lent et l'on dit : Les eaux sont basses. Mais à la suite des hivers, ou même quand les hivers sont très-pluvieux, l'effet contraire a lieu, et ceci se conçoit, tous les affluents apportant des volumes d'eau pluviales considérables, bientôt la rivière gonfle, et tant que son lit y suffit, on dit : La rivière *coule à pleins bords ;* mais si l'eau monte encore, alors la rivière *déborde*, ce qui est d'autant plus dangereux que tous les terrains aux environs sont couverts d'eau ; c'est ce que l'on nomme *inondation*. Alors, comme le courant de l'eau est très-rapide, il s'élève souvent des vagues dangereuses, et pour les hommes et pour les bateaux. Surtout quand le courant est contrarié par le vent, il fait des ravages affreux, enlevant les ponts, les usines, les moulins situés sur les rives, arrachant les arbres, enlevant des portions de terre considérables, désagrégeant les roches, etc., etc. C'est ce qu'on nomme un *débordement :* à la fonte des neiges ils sont fréquents.

— *Qu'est-ce qu'une débâcle ?*

En hiver, les rivières gèlent dans presque tous les pays. Tant que cette masse d'eau glacée est maintenue par la glace qui la couvre, elle ne fait pas de ravages et coule en dessous; mais au dégel, c'est tout différent. Toute cette couche de glace qui était attachée aux anfractuosités et couvrait la rivière devient des roches flottantes, qui, se soudant souvent entre elles dans leur parcours, forment souvent des blocs considérables de glace. Le moindre obstacle qui se trouve à leur cours, elles s'accumulent, et encombrant le passage, empêchent les eaux de s'écouler librement. Alors il en résulte un gonflement des eaux en amont d'elles qui produit souvent une inondation, car c'est un débordement. Si par le contraire l'objet qui les arrête est trop faible pour leur résister ainsi qu'à la pression qu'elles exercent sur lui, elles l'enlèvent. Pont, usines, moulins, souvent tout leur cède. C'est le moment de la rupture de ces glaces que l'on nomme la *débâcle*. Une débâcle est souvent plus dangereuse qu'un débordement, car elle laboure la terre et la désagrége de telle sorte, que le courant peut facilement l'entraîner. Rien ne résiste à ces deux fléaux, quand ils sont violents, excepté cependant les ponts suspendus, quand leurs piles ne sont pas attaquées ou peuvent résister, attendu que ces sortes de ponts n'opposent, ni au courant, ni aux glaces, aucun obstacle.

Quand les glaces commencent à flotter et à se détacher flottant sur l'eau, on dit que la rivière *charrie*.

— *Qu'est-ce que c'est qu'une inondation?*

Nous vous l'avons expliqué plus haut, c'est l'envahissement de la portion du terrain qui est plus bas que le niveau d'un fleuve qui déborde, et qui conséquemment déverse sur ce terrain une partie de ses eaux jusqu'à ce que celle-ci étant à même hauteur le courant reprenne son cours. On conçoit que cette masse d'eau qui couvre les terres, souvent à une grande hauteur, qui les envahit avec violence, et établit sur elles un courant qui souvent est assez fort, a la puissance non-seulement d'ébranler, mais d'arracher, de déraciner les arbres, de démolir les maisons, de bouleverser tout, en transportant des terres d'un endroit dans un autre, cause enfin des pertes incalculables et des malheurs irréparables. On ne saurait donc prendre trop de précautions contre une inondation possible.

— *Que nommez-vous faire une bigue?*

C'est croiser par une de leurs extrémités deux pièces de bois (espars ou mâts, suivant le cas ; car rarement des perches sont assez fortes) ; puis à l'endroit où on les croise, on amarre fortement une poulie ou un palan, on écarte les deux pieds de ces deux pièces de bois, et on les penche suivant un angle de 45 degrés environ sur le plan où on établit la bigue, de manière à ce que la corde que l'on a passée dans la poulie (ou le palan) pende bien en dehors des pieds qu'on fixe en terre, et on consolide l'appareil par des étais et des haubans. Il serait difficile d'expliquer brièvement et en détail comment on fait pour installer une bigue, mais on voit qu'elle est destinée à élever ou enlever un objet qui est au-dessous d'elle. Les chèvres dont on se sert dans les constructions civiles sont des espèces de bigues ou grues. Souvent la bigue ne se compose que d'une seule pièce de bois au bout de laquelle est placée une poulie.

— *Que nommez-vous échelles de corde?*

Ce sont celles qui, au lieu d'avoir leurs côtés en bois, les ont en corde. Ces échelles sont fort commodes et fort utiles, parce que quand on n'en a pas besoin on peut les loger dans un coin, et que quand on doit les employer, on peut les mettre partout où l'on veut, les rendre plus courtes, plus longues *ad libitum*. Elles sont très-utiles dans une inondation ou dans un incendie pour sauver le monde qui se trouve dans les étages supérieurs d'un édifice. Par exemple, elles ne sont pas aussi faciles que les autres à monter ou à descendre ; mais elles sont beaucoup plus fortes.

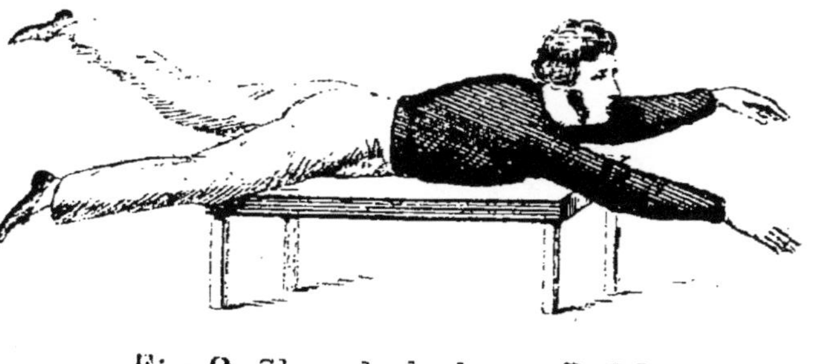

Fig. 2. Cheval de bois P. 33.

PREMIÈRE SECTION

De la natation et des exercices qui s'y rattachent.

1re LEÇON

— *Qu'est-ce que c'est que la natation?*

C'est l'art non-seulement de se soutenir sur l'eau, mais encore d'avancer vers un point que l'on veut atteindre par une suite de mouvements combinés des bras et des jambes.

— *La natation est-elle un art utile ou simplement un art d'agrément?*

Non-seulement la natation est un art utile, mais même, suivant toute personne sensée, un art indispensable, car qui peut dire que jamais il ne tombera à l'eau et n'aura pas besoin de nager pour se sauver? C'est aussi un art gymnastique fort agréable et en même temps un exercice hygiénique.

— *Une personne qui se jette à l'eau sans nager coule. Combien faudrait-il lui ajouter de flottaison pour qu'elle ne le fît pas?*

Environ 10 p. 0/0 de son poids; mais ce qu'il faut ajouter en pareil cas dépend du degré d'obésité de la personne, car les personnes fort grasses ne peuvent couler.

— *Savez-vous nager?*

Oui.
Non.

— *Combien, selon vous, y a-t-il de sortes de natations nécessaires?*

Il y en a deux, savoir nager sur le ventre et savoir le faire sur le dos; mais il y a encore un exercice bien utile à acquérir, c'est celui de savoir bien faire la planche, car par les deux premiers exercices on se fatigue et même beaucoup, tandis que par le troisième on reste immobile et conséquemment on se défatigue.

— *Ne comptez-vous que deux manières de nager?*

Il n'y a que deux manières vraiment utiles de nager auxquelles viennent s'ajouter il est vrai, d'autres modes plus ou moins salutaires mais seulement comme exercices de gymnastique; ainsi tirer la brasse, faire la coupe, etc., constituent le talent d'un nageur comme nageur habile et souvent élégant; mais celui qui ne sait que nager à la façon ordinaire est tout aussi avancé que celui qui sait bien tirer la brasse ou faire la coupe quand il faut se sauver à la nage.

— *Comment nagez-vous sur le ventre?*

Je m'élance à l'eau les bras allongés devant moi et les mains jointes, les jambes collées l'une à l'autre, enfin dans la plus grande longueur que je puisse développer à mon corps; aussitôt que je suis à flot, j'écarte les bras et les jambes, en faisant aux premiers décrire un arc de cercle, dont mes épaules sont le centre et mes bras un peu courbés les rayons, repoussant avec mes mains l'eau derrière moi, comme avec une rame. Pendant ce mouvement des bras, on raccourcit les jambes de façon à avoir les cuisses presque perpendiculaires au corps et les jambes parallèles, et, poussant vigoureusement l'eau avec la plante des pieds, on vient à rejoindre ses deux jambes l'une contre l'autre. Dès que ces mouvements simultanés ont été effectués, on les recommence. Le déplacement d'eau qu'on produit maintient le corps au-dessus et l'action des mains et des pieds qui repoussent le fluide en arrière fait avancer. Cette manière de nager sur le ventre est la natation proprement dite.

2ᵉ LEÇON

— *Comment vous y prenez-vous pour nager sur le dos?*

Si, partant du rivage, je veux nager sur le dos, j'avance jusqu'à mi-corps dans l'eau, et, quand je sais que j'ai là une couche d'eau assez forte pour me soutenir, je m'élance comme sur le ventre; mais comme je ne puis pousser mes bras étant dans cette position comme je le fais sur le ventre, je colle par le contraire mes bras à mon corps, pour qu'il présente plus de surface au fluide et m'aide à flotter. Dès que je suis à flot, je fais le mouvement de mes jambes que je fais en nageant sur le ventre, et alors mes pieds servant de rame j'avance ainsi.

— *Comment faites-vous la planche?*

Je m'élance sur le dos comme si je voulais nager sur le dos; mais, au lieu de tenir mes bras collés au corps et de nager des jambes, j'écarte les uns et les autres le plus possible, de manière à faire une croix de Saint-André, et je reste ainsi sans remuer; je surnage à plat sur l'eau.

— Comment vous retournez-vous quand, étant à flot dans une de ces positions, vous voulez en prendre une autre?

Si je nage sur le ventre je m'élance d'un vigoureux coup des jambes, un bras en avant, et, retournant mon corps en enfonçant ce bras dans l'eau, je viens sur le dos; alors il n'y a plus qu'à nager comme il est indiqué plus haut. Si je suis sur le dos, d'un vigoureux coup d'épaule et en enfonçant dans l'eau le bras qui le donne, je me retourne sur le ventre par ce côté. Ou si je le veux, en laissant couler mes jambes, battant l'eau avec mes mains, je me mets droit dans l'eau; alors, m'élançant sur le ventre, je nage comme il est indiqué.

— Comment tirez-vous la brasse?

Comme c'est un exercice de natation que vous trouverez mieux décrit que je ne puis le faire dans maints traités de natation, je vous engage à vous les procurer. Mais quand vous savez bien nager et sur le ventre et sur le dos, il vous sera aisé de tirer la brasse (1).

— Toutes les eaux portent-elles également quand on y nage?

Non, les eaux portent d'autant plus qu'elles sont plus denses; aussi l'eau de mer porte-t-elle davantage que l'eau douce, car elle est salée.

— Comment expliquez-vous ce phénomène?

Il est facile de le faire : on sait que tout corps plongé dans un fluide flotte quand il déplace un volume de ce fluide plus grand que son poids; or les eaux de mer, qui sont chargées

---

(1) *Traité de la natation où l'art de nager est démontré.* Paris, Deleges; 4, rue Croix-des-Petits-Champs.

de sel, pèsent davantage à volume égal que les eaux douces; de là vient qu'elles supportent davantage que les eaux douces, et dans celles-ci celles qui supportent le moins sont incontestablement les eaux filtrées, car elles sont les plus légères.

3e LEÇON

— *Pourrait-on apprendre seul à nager?*

Sans doute si l'on avait assez de force de caractère pour ne pas s'effrayer; la crainte fait faire des mouvements trop précipités qui, séparant brusquement les particules fluides, diminuent beaucoup leur faculté de porter. Si donc on ne s'effrayait pas et que l'on réglât ses mouvements, on apprendrait certainement à nager seul; mais, sans s'exposer à des essais souvent dangereux, on peut apprendre à nager seul, et voici comment. D'abord, n'allez dans l'eau que jusqu'à la ceinture; comme la couche d'eau où vous vous mettez à nager n'est pas assez épaisse pour que vous n'ayez pied, vous pouvez parfaitement conserver votre sang-froid et continuer vos mouvements d'ensemble, c'est-à-dire sans trop vous hâter jusqu'à ce que votre bouche se trouve couverte par l'eau. Vous ne risquez en faisant cet exercice que de boire un peu d'eau, mais vous ne l'avez pas fait dix fois que vous voyez que vous revenez à la surface de l'eau; alors avec de nouveaux efforts, mais sans jamais vous éloigner assez de la rive pour perdre pied; vous parvenez en peu de temps à vous apprendre à nager seul.

Autre moyen. Je fais passer une corde dans une poulie; sur l'un des bouts de cette corde est une ceinture à émerillon dans l'anneau de laquelle je puis amarrer ma corde. Je mets ma poulie dans un endroit élevé sur l'eau d'un ou deux mètres, puis je descends dans l'eau, et m'y plonge tenant l'autre bout de la corde à la main, jusqu'à ce que j'en aie jusqu'au cou, de manière à avoir mes épaules un peu découvertes. J'amarre alors le bout que je tenais à la main dans l'anneau de la ceinture, et, bien certain que je suis suspendu de manière à ne pas risquer de couler je fais les exercices indiqués pages 26 et 27. Quand je m'aperçois que par ces exercices je puis me tenir facilement sur l'eau, dans une position presque horizontale, je hasarde le lendemain à donner un peu plus de longueur à la corde de suspension, et au bout de quelques leçons je nage. Si j'ai avec moi quelqu'un qui m'inspire assez de confiance pour m'en fier à lui, je le mets à la corde dont il file à un de mes signes, et qu'il rembraque à mesure qu'il s'aperçoit que je ne me soutiens pas sur l'eau.

4ᵉ LEÇON

— *Vous avez dit que vous apprendriez à nager à une personne en quelques leçons; comment vous y prenez-vous pour le faire?*

Comme je l'indique page 44 du *Guide du sauvetage*, rien de plus facile. D'abord je fais un chevalet sur lequel je place une gaule en travers, le débordant de manière à ce que le bout en soit à 2 m. 40 c. environ au-dessus de l'eau; à cette extrémité il y a un trou dans lequel passe une corde, sur le bout inférieur de cette corde est la ceinture émerillon dont je viens de parler. L'autre bout vient en dedans, passe dans une poulie qui est à l'autre extrémité de la perche, et quand ceci est bien disposé on fait mettre la ceinture à la personne qui doit prendre leçon, et ensuite amarrer cette même ceinture sur ce bout. Alors ma corde forme la corde sans fin. Le moniteur tient cette partie de la corde à la main et fait mettre l'écolier à l'eau. Dès que celui-ci se sent à flot, il s'assure bien qu'il ne peut couler. Alors, plein de confiance, il se livre aux ébats et fait les exercices dont nous avons parlé page 26. Le moniteur le suit des yeux, et le gourmande pendant ce temps afin d'occuper son attention. « Vous ne faites pas bien aller vos bras, vous ne remuez pas vos jambes comme on vous l'a dit, arrondissez-donc davantage le bras droit, soyez plus vigoureux de la jambe gauche, » etc., etc., lui dit-il ; l'élève qui est dans l'eau s'efforce de suivre les préceptes du maître, et quand celui-ci voit que, par les mouvements d'ensemble qu'il fait, il se soutiendrait facilement, il file 15 à 25 centimètres de la petite corde qu'il tient à la main. L'élève alors, qui est réellement à flot sans le savoir, continue ses mouvements, et quand le moniteur s'aperçoit qu'il tend la corde, il lui file tout doucement de cette corde, alors l'élève s'éloigne de lui ; mais afin que celui-ci qui tourne le dos au rivage ne s'en aperçoive pas, il renforce le volume de sa voix pour lui faire croire qu'il est toujours au-dessus de lui. Le nageur s'éloigne ainsi de plusieurs mètres avant de s'apercevoir qu'il n'y a que ses mouvements qui le font tenir sur l'eau. Mais enfin il s'en aperçoit, à son grand effroi, jette un grand cri et coule. Le moniteur qui s'y attend s'empresse de le retirer à lui, et quand il l'a ramené sur l'eau, il le plaisante. « Vous voyez bien, lui dit-il, que c'est la peur et la peur seulement qui vous a fait couler, car si vous n'aviez pas eu peur vous auriez continué à vous éloigner jusqu'à ce que je vous rappelle. Ceci vous prouve que vous n'avez rien à craindre, puisque je suis là et qu'aussitôt que vous coulez je puis vous retirer à moi. Prenez donc bonne confiance, ne vous effrayez plus et laissez-vous aller jusqu'à ce que je vous fasse revenir. » L'élève confus, veut prouver qu'il n'est pas pusillanime, et recommence à nager au large, mais cette fois avec la conscience qu'il va s'éloigner du moniteur ; celui-ci le laisse aller à 4 ou 5 mètres au plus, et ensuite le ramène à lui. Il lui fait faire encore un ou deux de ces exercices, et puis pour ne pas le fatiguer ni le dégoûter du plaisir de la natation, satisfaction aussi d'amour-propre, il l'attire à lui et le fait sortir de l'eau.

Le lendemain, il n'a pas besoin d'inviter son élève à prendre sa leçon; celui-ci la demande autant pour prouver qu'il n'a pas eu peur que par plaisir, et cette fois il voudrait doubler les étapes, car il voit qu'il n'est pas difficile de se soutenir et d'avancer quand on est dans l'eau; mais le moniteur tempère cette ardeur et pendant quelques jours lui fait faire de nouveaux exercices presque sur place (1).

Quand il a la conviction que son élève nage bien sur le ventre, il lui place la ceinture de manière à ce qu'il ait la boucle sur la poitrine et le fait nager sur le dos. Quand il voit qu'il nage sur le dos aussi bien que sur le ventre, il lui fait apprendre à se retourner de dessus le ventre sur le dos et réciproquement de dessus le dos sur le ventre. Il lui fait aussi apprendre à faire la planche, et pour le perfectionner dans ces exercices, il fait tendre une corde à environ 50 à 75 centimètres au-dessus de l'eau. Cette corde, passée dans un de ces anneaux en fer que les marins nomment cosses, est bien roidie; autour de la cosse est une petite corde pendante que l'on nomme fouet. Alors il attache l'élève à ce fouet par la ceinture, et celui-ci se jette à l'eau. En nageant le long de la corde, il en atteint le bout et revient, va de nouveau plusieurs fois en continuant cet exercice; chaque fois qu'il revient le maître lui donne un peu plus de ligne afin qu'il soit plus indépendant et apprenne à s'en passer. Par ce moyen, en quelques leçons, il apprend très-bien à nager.

Si parfois, quand il suit la corde, il se sent ou fatigué ou effrayé, il l'attrappe, s'y suspend et s'y repose; il ne faut pas huit jours pour apprendre à nager par ce procédé, car si

(1) Voir la figure première.

l'homme ne s'effrayait pas, il nagerait, comme l'animal, naturellement. C'est l'effroi qui lui comprime la poitrine, l'empêche de respirer librement, et conséquemment ne lui permet pas de prendre à l'intérieur un volume d'air suffisant pour rester sur l'eau en faisant quelques mouvements.

5e LEÇON

— *Vous avez parlé du cheval de bois, dites-nous donc ce que vous entendez par cheval de bois.*

Il y a un exercice préalable à faire pour hâter l'instruction de la personne à laquelle on veut faire apprendre à nager : il faut d'abord lui apprendre à nager à sec; or, pour nager à sec, on fait placer l'élève sur une petite table (V. fig. 2), où il n'a que la poitrine et le ventre qui portent, c'est cette petite table que nous avons nommée cheval de bois. L'élève qui y a les épaules, les bras et les jambes dans le vide, s'exerce, à faire les mouvements d'ensemble de la natation, pour qu'il puisse les répéter dans l'eau. Quand une personne sait bien nager sur le cheval de bois, souvent elle apprend à nager en trois leçons quand elle est dans l'eau.

Comme on le voit, apprendre à nager n'est pas difficile, et nous ne concevons pas que tout le monde, hommes comme femmes, quand ils sont à portée d'une pièce d'eau ou d'une eau courante, quelconque, ne le sache pas faire, puisque savoir nager constitue non-seulement un art utile, au point de vue de l'hygiène, mais aussi une gymnastique fort agréable. Aussi dans la capitale et dans nos grandes villes, la natation entre-t-elle comme élément dans l'éducation même des jeunes filles, et nous ne concevons pas que les hommes, qui sont le plus exposés à en avoir besoin, en ignorent les principes; c'est à nos yeux une monstruosité.

— *Est-il bien nécessaire de savoir nager de différentes manières?*

Non, mais il est agréable de savoir le faire, et on fera bien de s'habituer, quand on saura bien nager, à tirer la brasse, faire la coupe, nager en chien et de différentes manières. Une connaissance encore nécessaire dans la natation, c'est de savoir plonger, car souvent dans un danger on peut en avoir besoin.

— *Comment plonge-t-on?*

On le fait de différentes manières. Quand on fait un saut circulaire en l'air, quand on est sur une éminence, afin de tomber la tête la première à l'eau, cela se nomme *piquer une tête*. Ou il faut, quand on pique une tête, être bien exercé à faire le saut qui fait décrire au corps une demi-circonférence, car si on le manque on tombe sur la poitrine et on risque à se faire beaucoup de mal.

Si l'on est à flot et que l'on veuille piquer une tête au travers d'une lame qui déferle, on porte les deux bras dans toute leur longueur au dessus de sa tête, et on commence à diviser le fluide avec cette partie du corps.

On peut encore plonger les pieds les premiers en s'élançant debout dans l'eau, c'est même la méthode ordinaire quand on veut se jeter à la mer d'un point élevé.

Enfin, quelquefois étant hors pieds dans l'eau on veut en apprécier la profondeur, et on se laisse venir droit, les pieds en bas et couler, cela se nomme *sonder*.

6e LEÇON

— *Comment fait-on pour approcher un rivage en nageant?*

Il y a dans ce cas bien des précautions à prendre. Si c'est

à la mer et qu'elle soit belle, on vient tout bonnement en nageant vers la terre jusqu'à ce que l'on ait pied.

Si la mer brise à la côte en faisant la voûte, cette manœuvre est plus difficile; il faut, au lieu de venir chercher la terre la figure tournée vers elle, lui tourner le dos par le contraire, faire face à la lame, et, si l'on est habile, au moment où elle fait la voûte et va déferler, piquer une tête au travers, se mettre sur son dos et se laisser entraîner par elle tant qu'elle court à terre.

Le mieux est encore, dès qu'on est sur son sommet, de se retourner vivement vers la terre, et de s'aider de cette lame qui porte rapidement au plein pour avancer promptement vers le rivage. Quand elle retourne sur elle-même, sans épuiser ses forces à la combattre, on nage contre elle jusqu'à ce que l'on entende le bruit du brisant de la nouvelle lame qui la suit; alors, faisant vivement face à ce nouveau brisant, on y pique une tête et on le traverse comme le premier.

— *Quelles sont les espèces de plage où on peut aborder à la mer?*

Les rivages de la mer sont bordés de *roches* ou de pierres rondes et plates, nommées *galets*. Ou ils sont formés par du sable extrêmement fin, ou enfin ils sont bordés par de la vase.

— *Quels sont les rivages qui, dans les eaux intérieures, ont de l'analogie avec ceux de la mer?*

Tous, car on trouve dans les fleuves, les rivières, les lacs, etc., des côtes de roches, des rives où il y a du galet, d'autres qui sont formés par du sable, mais le grand nombre est formé par la vase; cependant, dans de certaines rivières, le sable est très-commun.

— *Que nomme-t-on rivage dans une rivière?*

Ce sont ordinairement les endroits où l'on peut débarquer sans enfoncer dans la vase, soit qu'ils soient faits de main d'homme, et dans ce cas on les nomme aussi *débarcadères*, soit que la nature les ait faits, comme certains endroits qui offrent du sable ou des pierres.

— *Que nommez-vous courants?*

C'est la disposition qu'ont les eaux de se porter vers un point quelconque. Dans les mers où il y a de la marée, le courant va tantôt dans un sens, tantôt dans un autre; mais dans un fleuve, une rivière, une eau courante enfin, il court toujours dans le même sens jusqu'à ce qu'il rencontre le courant de la mer, quand c'est un fleuve, ou de la source de son confluent, si c'est une rivière; aussi n'y a-t-il qu'un seul courant qui part de la source.

— *Souvent on se sert des mots aval du courant, amont du courant. Expliquez-moi le sens de ces mots?*

La source d'une rivière est l'origine ou l'amont du courant, donc toutes les fois qu'on est dans un endroit, sur le bord d'une eau courante, le courant d'*amont* est celui qui vient à vous, et le courant d'*aval* est celui qui vous fuit.

— *Les courants sont-ils dangereux?*

Oui, quelquefois surtout, car lorsqu'il y a de grandes pluies, des fontes de neige considérables, l'eau qui doit s'écouler augmentant, et l'espace par lequel elle doit s'écouler n'élargissant pas, le courant devient de plus en plus rapide.

Il en est de même quand une rivière, un fleuve, etc.,

sont parsemés d'iles ; ces obstacles, retrécissant le passage entre eux et la rive, rendent le courant beaucoup plus fort dans ces endroits que dans les autres.

— *Que nomme-t-on retour dans un courant ?*

Quand un courant rencontre sur son parcours une langue de terre qui le contrarie, il la contourne ; mais, comme à à l'abri de cette langue de terre il trouve une profondeur où il n'a pas eu d'action, une partie de son fil d'eau forme une ellipse, en revenant sur elle-même, et portant en sens inverse du courant souvent avec une grande vivacité, jusqu'à ce qu'elle vienne reprendre le courant principal qui l'emporte ; c'est cette portion d'eau que l'on nomme *retour* ou *contre-courant ;* il faut savoir en profiter quand on nage dans un courant pour gagner la terre sans difficulté.

7e LEÇON

— *N'y a-t-il pas quelques précautions à prendre quand on doit couper un courant à la nage ?*

Il y en a même de très-grandes :

1° Il ne faut jamais essayer de lutter contre le courant en nageant, surtout s'il est un peu fort ; c'est s'exposer inutilement, car on se fatigue à pure perte.

2° Quand on est obligé de gagner à la nage contre un courant, il faut ne le couper jamais que par un angle de 45 degrés au moins, afin, en le combattant, d'approcher la terre. Si l'on voit une pointe ou une aspérité de la rive qui fasse saillie, il faut s'y diriger, car on peut espérer que là il y aura du contre-courant qui vous permettra de gagner lestement la terre.

3° Si l'on ne voit aucune saillie, il faut s'approcher de terre le plus que l'on peut, car le plus fort d'un courant d'une rivière est presque toujours au milieu de cette rivière.

Surtout en s'approchant de la rive, il faut soigneusement éviter les *entonnoirs*, les *herbes de fond*, ne jamais s'exposer à s'y enfoncer ou s'y embrouiller.

4° Si l'on voit un rivage où l'on puisse aborder en aval à soi, il faut s'efforcer d'y atterrir, dût-on faire à pied une partie de route pour venir chercher le point où on voulait aborder. Mais il faut avoir toujours soin de se diriger beaucoup au-dessus de cet endroit pour ne pas le manquer, car, le courant vous entraînant dans un sens tandis que vous nagez dans un autre, votre direction réelle n'est que selon la résultante de ces deux forces combinées. Surtout, en pareil cas, ne pas perdre la tête et bien éviter les rives de vases, les herbes de fond, les entonnoirs, les branches et les obstacles enfin.

— *Vous venez de dire qu'il faut éviter les entonnoirs, dans une rivière où l'on est à la nage ; qu'est-ce qu'un entonnoir, et comment le reconnaît-on ?*

On nomme entonnoir un endroit où le courant tourne en rond, comme il arrive que fait l'eau dans une cuve quand on l'agite circulairement avec la main. Chacun a remarqué que dans un tel cas un fétu que l'on jette dans l'eau, une allumette, un objet léger et flottant enfin, commence par tourner circulairement en décrivant une spirale dont les spires se rapprochent toujours de plus en plus du centre, jusqu'à ce que, arrivé là, l'objet, flottant sur une espèce de trou, comme celui de la douille d'un entonnoir, disparaît dans ce trou, va se heurter au fond, puis, rejeté par une force tout à fait contraire, revient sur l'eau à la grande circonférence, pour recommencer le même mouvement. Eh bien, quand le courant est fort et qu'on entre dans le rayon d'action d'un entonnoir sans pouvoir aussitôt en sortir, on éprouve le même effet; on conçoit que, dans ce mouvement circulaire, on est bientôt à bout de forces, alors qu'entraîné dans le milieu de ce cercle fatal, on est précipité au fond si rudement qu'on en perd connaissance et qu'on éprouve tous les accidents du fétu jusqu'à ce que, ramené à la surface de l'eau par la contre-force, comme le corps est inerte et que l'eau à la circonférence n'a plus la force de le soutenir, on coule et on se noie. Il faut donc soigneusement éviter un tel endroit, et on le reconnaît aisément en ce que de petits flots s'assemblent autour d'une eau qui est plus calme. Défiez-vous de ce calme perfide, il indique le mouvement circulaire dont je viens de vous parler et qui peut vous devenir si funeste.

— *Vous avez parlé des filets dont il fallait aussi se défier; que sont ces filets?*

Ce sont des herbes qui croissent sur un fond de vase, dans certains endroits des eaux courantes, spécialement dans les endroits où il n'y a pas de courant. Comme de vrais filets, leur tige flexible s'élève jusqu'à ce que leur feuille vienne à fleur d'eau. Quand on a le malheur de s'y engager, ces tiges s'enroulent autour des bras, des jambes, et finissent par en paralyser les mouvements, ce qui fait périr la personne qui est prise dans ces rêts, dont aucun de ses mouvements ne la peut défaire; elle se noie si elle n'a pas la prudence de faire la planche et de rester tranquille jusqu'à ce que l'on vienne à son secours. Quand on est obligé de traverser de tels filets, il faut se mettre sur le dos, et nager ainsi les bras au corps, parce que les épaules écartent les filets et exposent moins la personne qui nage à être cernée par eux de tous côtés et à en avoir les jambes entortillées.

8e LEÇON

— *N'y a-t-il pas encore d'autres précautions à prendre quand on doit gagner le rivage dans une eau intérieure?*

Il faut aussi se défier des places où il y a de la vase, parce qu'alors qu'on y aborde, bientôt on ne peut plus nager, et, comme elle est trop molle pour qu'on puisse y marcher, ce sont des atterrages très-dangereux ; il vaut mieux, en pareil cas, se laisser entraîner par le courant en aval jusqu'à ce qu'on aperçoive un rivage.

Il y a bien des pays où des arbustes et même des arbres croissent dans la vase à une grande distance de terre ; tels sont par exemple les palétuviers, les saules pleureurs et autres arbres qui reprennent quand une de leurs branches vient à atteindre la vase, car alors elle forme la souche d'un nouvel arbre ; il faut aussi se défier autant que possible de ces rivages dangereux et ne pas essayer de pénétrer entre ces arbres.

Quand on est obligé de nager dans une rivière, un fleuve ou une eau courante, il ne faut jamais, à moins qu'on n'y soit forcé, attaquer une île en amont, si on n'y voit pas un débarcadère facile, car, le courant chargeant sur cette partie de l'île, si on y rencontrait quelque obstacle, on ne pourrait s'en retirer.

Il faut l'élonger pour voir si par le côté où on l'attaque il n'y a pas quelque endroit commode à débarquer, car ordinairement par le bout d'aval on trouve de la vase et des filets, attendu que le courant venant des deux côtés se réunit là, y produit ce que l'on nomme *la molle eau,* c'est-à-dire une eau tranquille, qui favorise singulièrement les dépôts de vase et la végétation des plantes aquatiques.

Enfin, pour en finir avec nos recommandations sur la

manière dont on doit se conduire quand on veut aborder une rive de terre escarpée, ce qui arrive fréquemment dans les rivières qui ont des prairies bordant la rive. Il ne faut pas tâcher de se cramponner à ces terres, car elles sont faciles à ébouler et peuvent engloutir celui qui a provoqué un tel éboulement. Il faut encore se laisser dériver, jusqu'à ce qu'en aval on aperçoive un débarcadère, un bouquet d'arbres bordant la rive, ou quelque chose de semblable où l'on puisse s'accrocher.

Surtout, il faut ne pas perdre la tête et bien veiller à ne pas aller tomber dans une écluse ou sous la roue d'un moulin à eau ou d'une fabrique, ne pas s'exposer à aller attaquer la rive en amont d'un bateau, de peur d'être entraîné dessous; il en est de même d'un train de bois; tous ces obstacles doivent être attaqués en aval.

Celui qui, sachant nager, suivra les préceptes que je viens d'indiquer, courra peu de risques quand il voudra nager dans une rivière ou une eau courante; il aura quatre-vingt-dix-neuf chances sur cent de se sauver où un autre périra.

Mais en voilà assez sur la natation, passons à la seconde section, à l'organisation de postes de sauvetage sur les rives des eaux intérieures.

DEUXIÈME SECTION.

Des postes de sauvetage riverains, de leur importance. Nomenclature des objets qui en composent le matériel, de la manière de les mettre en œuvre et d'y suppléer.

9e LEÇON

— *Pensez-vous qu'il soit nécessaire d'avoir des postes de sauvetage riverains?*

Non-seulement je les crois nécessaires, mais même je les crois indispensables, surtout dans les villes traversées par un fleuve, une rivière, un cours d'eau enfin, ou dans celles qui sont bordées par de tels cours d'eau, dans les endroits où il y a une population agglomérée, sur les ponts et aux passages des bacs. Combien de malheurs auraient été évités si de telles précautions avaient été prises !

— *En coûterait-il bien cher pour établir un tel service?*

Nous ne le pensons pas, car les objets qu'il faut pour établir un poste de sauvetage ne sont ni nombreux ni dispendieux, et l'on pourrait ajouter le soin de les mettre en œuvre à certains services qui n'en seraient pas trop surchargés. Nous pensons donc que, le gouvernement n'en voulût-il pas faire la dépense, les communes en pourraient aisément supporter les frais.

— *De quels objets composeriez-vous un poste de sauvetage?*

Des objets suivants :

1° Une petite baraque bien close, dans laquelle il y aurait un lit, une baignoire, une boîte de secours et les objets nécessaires pour rappeler une personne asphyxiée à la vie. Cette baraque porterait un mât de pavillon auquel on hisserait un pavillon jaune le jour, et un fanal rouge la nuit, afin qu'on n'ait jamais à hésiter pour la trouver, car, en cas d'asphyxie, les moments sont souvent précieux.

2° Un bateau insubmersible et inchavirable placé dans un endroit où il pourrait être hors du chemin et cependant l'avoir à la main, ayant toujours à bord son armement pour être prêt à tout événement pour aller donner des secours.

3° Une longue et forte corde en chanvre de Manille, et une bouée à bateau de lock amarrée dessus.

4° Plusieurs lignes de cinquante à cent mètres de long, en chanvre de Manille, ayant chacune au bout une bouée à bateau de lock, et une boucle où on puisse passer son corps aisément.

5° Des plateaux en liége ayant une bobèche propre à y implanter un flambeau pour amarrer sur les lignes quand un accident arrive de nuit, afin de faire connaître aux personnes en dérive où sont ces plateaux.

6° Une échelle de corde sur les ponts ou les quais où on peut avoir besoin d'en avoir une, afin d'y monter aisé-

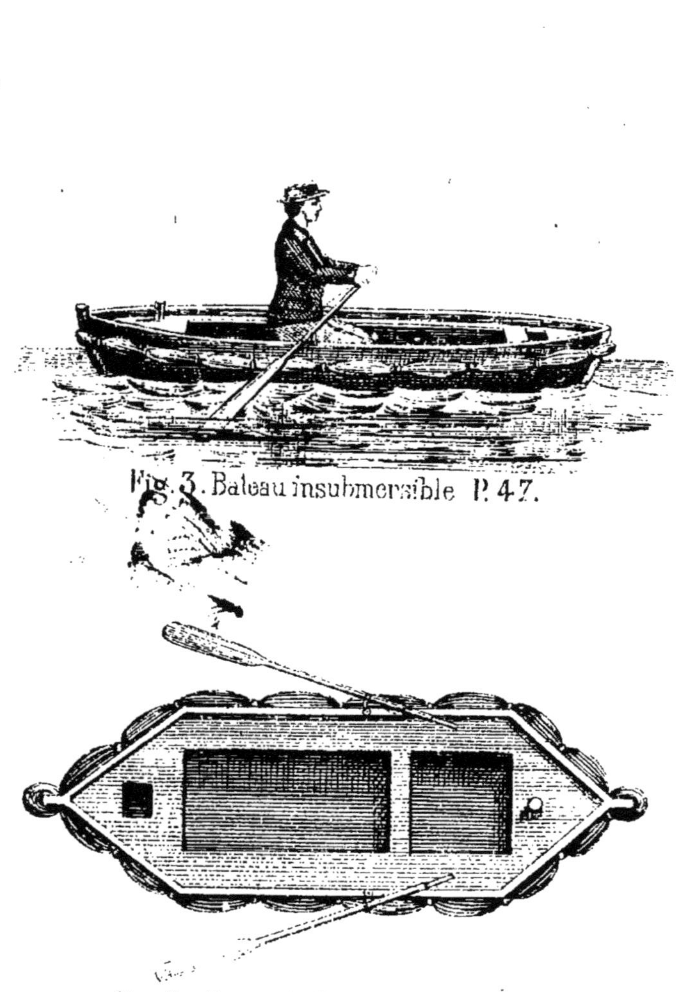

Fig. 3. Bateau insubmersible P. 47.

Fig. 3. Coupe du Bateau insubmersible.

ment du bateau sur le quai, et de descendre aussi aisément dans cette embarcation.

7° Un porte-amarre d'Houdetot à tirer à l'épaule, avec sa ligne et ses projectiles divers.

8° Un pistolet porte-amarre, également avec ses munitions.

9° Des appareils d'insubmersion en aussi grande quantité qu'il y aurait de personnes chargées du service de sauvetage.

10° Des vêtements pour remplacer ceux mouillés sur la personne que l'on sauve.

11° Des signaux de jour, de nuit et de brume, pour correspondre entre deux postes voisins et avertir d'un malheur arrivé ou d'un danger à craindre.

12° Enfin des vases, du combustible, des flambeaux à essence de térébenthine, et ce qui serait jugé urgent pour compléter ce matériel.

10e LEÇON

— Vous nous avez déjà donné une idée des postes de sauvetage; où placeriez-vous de préférence de tels postes?

Sur les ponts, à une de leurs extrémités, si le cours d'eau n'était pas fort large, au milieu, s'il l'était. Et quand ce serait dans une ville où les ponts seraient multipliés, comme Paris, Lyon et autres endroits, je les mettrais l'un d'un côté, l'autre de l'autre, alternativement, en suivant le cours de l'eau.

— Qui chargeriez-vous du soin de ces postes?

Les pontiers, attendu que par la nature de leur service ils sont toujours sur les ponts; mais, dans les endroits où les postes ne seraient pas sur les ponts, j'en chargerais les octrois, ou une personne spéciale payée pour le faire.

— Pourquoi voulez-vous avoir un poste de sauvetage, ce qui constitue une assez lourde dépense ; quelle en est la nécessité, selon vous?

Parce qu'on ne peut pas partout donner les soins que réclame une personne asphyxiée, qu'il faut même être à son aise pour le faire, et qu'en pareil cas bien des gens voisins du lieu du sinistre se prêtent de très-mauvaise grâce à recevoir un noyé dans leur maison.

— N'avez-vous pas oublié quelque chose dans la nomenclature des objets de sauvetage que devrait avoir chaque poste?

J'ai oublié une civière à caléfacteur pour transporter les asphyxiés de la rive où on les débarque au poste de sauvetage.

— Pourquoi une telle civière est-elle utile ?

Parce que souvent il ne reste qu'une étincelle de vie à la personne que l'on sauve, et le moyen de la lui conserver, c'est de la porter le plus chaudement possible et sans secousses ; car, si on la transporte sur l'épaule comme cela arrive quelquefois, ou même suspendue par les quatre membres, on la tue immanquablement, mais au moyen d'une civière à caléfacteur on évite tous ces dangers, et si elle vit encore au moment où vous l'avez sauvée, elle ne meurt pas dans le trajet.

TROISIÈME SECTION.

Des embarcations de rivière insubmersibles et inchavirables.

11e LEÇON

— *Vous avez classé au nombre des engins d'un poste de sauvetage les embarcations insubmersibles et inchavirables ; comment rendez-vous une embarcation insubmersible?*

En cloisonnant l'avant, l'arrière et les côtés de ces embarcations, qui ont ordinairement une forme hexagone, et y introduisant des caisses ou des poches à air en suffisante quantité pour les empêcher de couler, étant remplies d'eau, non-seulement quand elles sont vides, mais même lorsqu'elles sont chargées d'autant de monde qu'elles en peuvent contenir. (Voir figure 3).

— *Mais ces dispositions prendraient une telle place dans ces embarcations, qu'elles diminueraient de moitié le nombre des personnes qu'elles pourraient porter sans cela?*

Et quand cela serait? La sécurité d'une personne ou de plusieurs personnes ne vaut-elle pas la peine qu'on fasse un bateau plus grand pour les transporter si l'on a jugé la chose utile? Mais tranquillisez-vous, cette disposition ne leur ferait pas porter une personne de moins, parce que ces caissons se trouveraient dans la partie de ces bateaux où il n'y a pas de plancher possible, et qu'elles serviraient même a asseoir commodément ceux qui sont dans le bateau, ce qui est fort important pour l'assiette du bateau sur l'eau.

— *Quelle nécessité voyez-vous à rendre ces embarcations inchavirables, puisque vous les rendez insubmersibles?*

Une grande : souvent un bateau qui chavire, quoique restant sur l'eau, n'en noie pas moins ceux qui le montaient, parce qu'il roule avec le courant et ne leur offre aucun moyen de se tenir dessus quand il fait ces évolutions. Mais, quand il est inchavirable, si un événement quelconque, tel que l'abordage contre la pile d'un pont, contre un écueil qu'on ne voit pas, ou contre un autre bateau, un autre accident enfin qui le fait remplir d'eau, il reste néanmoins droit sur sa quille et donne à ceux qui le montent bien plus de chances de salut.

— *Comment rendez-vous une embarcation inchavirable?*

En lui mettant une ceinture d'objets bien plus légers que l'eau, un peu au-dessus de sa ligne de flottaison, quand il est chargé du monde qu'il peut porter. Et s'il vient à se remplir, cette ceinture même aide à le rendre insubmersible. Tout est donc avantageux ici.

12e LEÇON

— *Expliquez-moi comment vous feriez si l'on vous chargeait de rendre une embarcation de rivière inchavirable?*

Si c'était une embarcation déjà construite, je clouerais le long d'une ligne tracée à cinq centimètres, et parallèlement à la ligne de charge, deux séries de crampes, espacées entre elles de 5, 6, 7 centimètres ou plus, suivant la capacité du bateau, puis j'y coucherais une ceinture formée d'un saucisson en toile à voile goudronnée et rempli de rognures de liége (V. fig. 3, p. 47).

Mieux vaudrait encore que le saucisson fût formé d'une toile imperméable, qu'on pourrait insuffler et qu'également on remplirait de rognures de liége, de copeaux de bois de sap, de joncs, de paille même, pour conserver sa forme et dont on comblerait les interstices ; en y insufflant de l'air, il serait bien plus puissant.

Quand, par un effet quelconque, soit que plusieurs personnes se précipitent à la fois dans le bateau et montent du même côté, soit par suite de l'effet du vent sur la voile, soit que venant en travers sur un objet quelconque, ou par toute autre cause, l'embarcation donnerait une forte bande, ce bourrelet qui viendrait à l'eau ou même serait-il submergé, faisant effort pour en sortir, redresserait l'embarcation.

Si, au lieu d'un bateau qu'on me donnerait à rendre insubmersible, on me donnait mission d'en faire construire un qui eût cette propriété, je ferais mettre à l'endroit que j'ai désigné pour la ligne supérieure des crampes une planche de sap sur champ fixée contre le bord du bateau par des équerres en fer perpendiculairement au bord, et ce serait au-dessous de cette planche que je fixerais mon bourrelet, ce qui rendrait mon bachot encore moins chavirable, et le bourrelet moins susceptible d'être déchiré.

— *Croyez-vous que la précaution que vous prenez là soit bien nécessaire à la sécurité des personnes qui montent ces bateaux de sauvetage ?*

Pour ces sortes de bateaux elle est indispensable, parce

que souvent pour embarquer une personne que l'on veut sauver, on est obligé de se mettre plusieurs du même côté de ce bateau. Mais je la considère comme tellement utile pour les bateaux destinés à porter du monde, que si j'avais autorité sur ce point, toutes les embarcations de rivières destinées aux passages, toues, bachots, bacs, etc., seraient insubmersibles et inchavirables.

13e LEÇON

— *De quoi composeriez-vous l'armement d'un bateau de sauvetage ?*

1° De deux avirons pour ramer à couple et un aviron plus long pour gouverner en gabarant, qu'on nomme aviron de queue.

2° D'une ou deux gaffes ;

3° D'une ancre et de son câblot en chanvre de Manille, le câblot bien détordu, pour qu'il ne fasse pas de coques ;

4° De différentes lignes de 25 à 50 mètres, en chanvre de Manille, munies chacune d'une bouée en liége, pour les filer au cours du courant à une personne en cas de besoin ;

5° D'un porte-amarre d'Houdetot ;

6° D'un flambeau à essence de térébenthine ;

7° D'une ou deux escopes pour vider l'eau ;

8° D'un cornet de signaux ;

9° De tolets et escopes de rechange ;

10° De quelques lignes à la main ;

11° De quelques cordiaux et aliments ;

12° De quelques médicaments.

— *Tout cet attirail doit-il être continuellement à bord de ces petits bateaux ?*

Oui, car il faut être prêt à tout événement, et ce n'est pas au moment de monter dans les bateaux qu'il faut s'en pourvoir. Il ne faut avoir qu'à y sauter et se diriger aussi rapidement que possible vers l'endroit où les secours sont réclamés, car il n'y a pas dans un tel cas un seul moment à perdre.

Il faut aussi être prêt à agir de nuit comme de jour, et enfin, si on a eu le bonheur de sauver une personne, mais qu'elle soit dans un état d'asphyxie alarmant, il faut pouvoir lui donner les premiers soins, afin de la ramener vivante à terre.

— *Mais tout le monde n'est pas habile à rendre de pareils services ?*

Aussi croyons-nous qu'on ne peut pas improviser un sauveteur, qu'il faut pour qu'un homme devienne habile dans une telle profession, qu'il s'exerce beaucoup, et qu'il n'y a que l'espoir d'une récompense méritée qui fasse se vouer *au sauvetage la généralité des personnes*. Du reste je vous énumérerai les connaissances et les qualités que doit posséder un sauveteur, quand je vous entretiendrai du personnel du sauvetage, car jusqu'à ce moment nous ne nous sommes occupés que du matériel.

— *A quoi une longue et forte corde est-elle utile dans un poste de sauvetage, et pourquoi l'avoir en chanvre de Manille ?*

A amarrer le canot de sauvetage contre ou à un pont dans certains cas, pour le faire embarder de tous côtés sans qu'il puisse s'en éloigner, et à laisser ainsi aux hommes qui le montent le pouvoir d'agir sans avoir besoin de ramer et ne pas craindre d'aller à la dérive.

Cette corde doit être en chanvre de Manille pour flotter, afin qu'on la voie toujours sur l'eau.

14e LEÇON

— *Qu'est-ce qu'une bouée à bateau de lock?*

C'est une bouée ordinaire, en liége ou en toute autre matière flottante, que l'on attache au bout de la longue corde, quand on ne la met pas sur le bateau, et on y met un triangle en bois garni de plomb à l'un de ses côtés pour qu'il puisse couler verticalement jusqu'au sommet de l'angle opposé. Ce triangle est retenu par trois branches qui vont se loger dans les trois angles et se réunissent en une seule corde au milieu, qui s'attache à la bouée, en sorte que lorsqu'on la jette à l'eau, ce triangle, qui présente toute sa surface verticale au fluide, fait dériver cette bouée très-promptement, ce qui est souvent utile quand on jette la bouée à une personne tombée à l'eau. Dès que celle-ci a passé son corps dans la boucle, comme elle n'a plus besoin que le bateau de lock agisse, elle le démonte, ou l'attache sur la bouée pour qu'il n'augmente pas la résistance à retour vers le point d'où on la hale.

— *Pourquoi voulez-vous avoir plusieurs lignes de* 50 *à* 100 *mètres en chanvre de Manille au nombre de vos objets de sauvetage?*

C'est une mesure de précaution très-précieuse dans certains cas, comme une débâcle, un débordement, etc. Par exemple, on file ces lignes de différents points d'un pont, sur l'onde furieuse. Grâce à leur nature elles flottent, et comme de plus elles ont une bouée au bout, et sont terminées par une boucle en corde, si une personne enlevée par le débordement ou la débâcle passe sous une des arches du pont (ou sous un pont suspendu) sans qu'on la voie et qu'elle aperçoive cette ligne et sa bouée, elle peut s'en saisir, s'en passer la boucle autour du corps, et prenant le cornet qu'elle trouve amarré sur la bouée, en sonner et faire connaître ainsi

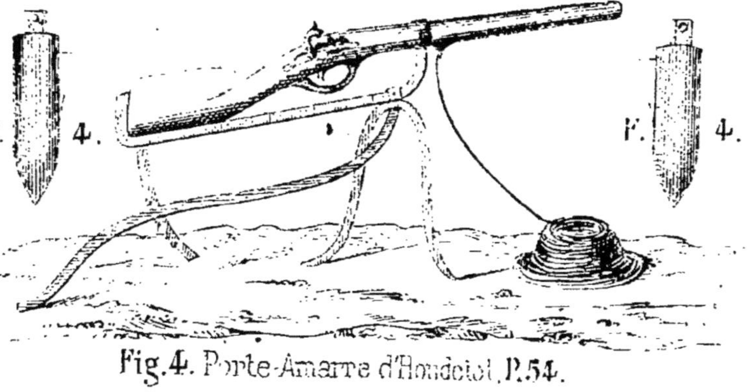

Fig. 4. Porte-Amarre d'Houdetot, P. 54.

aux personnes qui sont sur le pont qu'elle est là, ce qui les met bientôt à même de la sauver. Sans cette précaution, comment s'arrêter? La chose est impossible.

— *Pourquoi ces plateaux qu'on a filés en liége avec bobèches et flambeaux à essence de térébenthine?*

Pour mettre la nuit un feu au bout de la corde qui puisse la faire remarquer de la personne qui dérive avec le courant. Et j'indique que ces flambeaux doivent être à l'essence de térébenthine, parce que cette lumière résiste au vent et à la pluie, à tout enfin.

— *A quoi vous est utile une échelle de corde?*

A me donner le moyen de faire monter la personne, que l'on a tiré jusqu'à elle, sur le quai ou sur le pont, sans avoir besoin de l'enlever, ce qui est parfois difficile.

Cette échelle étant terminée par un plateau en bois, la personne qu'on a accostée près de ce plateau, peut s'en aider, et si elle est trop faible, l'échelle permet à une autre personne (de celles qui sont sur le quai ou sur le pont) d'aller à son secours, ou de lui passer un laguis avec lequel on l'enlève.

— *Qu'est-ce que c'est qu'un porte-amarre?*

C'est une arme, ou un instrument au moyen duquel on lance un bout de corde à une grande distance et dans une direction voulue.

— *Y a-t-il différentes sortes de porte-amarre?*

Oui, il y en a de plusieurs sortes : porte-amarre d'Houdetot, porte-amarre Tremblai, porte-amarre Delvigne, porte-amarre Touboulic, porte-amarre Mamby, et sans doute d'autres encore, qui tiennent à des armes à feu. Porte-amarre Le Métayer, porte-amarre Broquet, porte-amarre Conseil et plusieurs autres qui sont mis en action sans employer la poudre. Tous sont bons si avec eux on peut atteindre le but, mais entre tous je préférerais le porte-amarre de M. le comte d'Houdetot, attendu qu'on peut le tirer à l'épaule comme un fusil ordinaire, et qu'il est à tir direct, ce qui fait que, pour une rivière surtout, on en retirerait de plus grands avantages.

15e LEÇON

— *Pouvez-vous nous décrire le porte-amarre d'Houdetot?*

Voici ce que l'auteur en dit lui-même :

« J'ai expérimenté à l'aide d'un fusil pesant 9 kilogram-
« mes, chargé selon l'état de l'atmosphère de 16 à 18 gram-
« mes de poudre fine et d'un projectile cylindro-conique de
« 750 grammes, ayant 28 millimètres de calibre sur 15
« centimètres de longueur. Je suis parvenu néanmoins à por-
« ter une corde de 12 millimètres de circonférence à 240
« mètres de distance mesurés sur le sol et non sur la corde
« emportée par le vent, laquelle se dévide encore après que
« le projectile a atteint le but, et n'accuse que des effets fic-
« tifs. Ajoutons qu'un trépied portatif permet de braquer
« l'arme dans toutes les directions, de l'élever au-dessus
« de la ligne horizontale ou de l'abaisser au-dessous pour fa-
« ciliter le tir de haut en bas. Également je fais usage d'un
« petit fusil portatif dans la rigoureuse acception du mot,
« puisqu'en le tirant à l'épaule on peut l'emporter avec soi
« dans une embarcation. Ce fusil, chargé de 5 grammes de
« poudre et d'un projectile de 375 grammes, porte facile-
« ment à 160 mètres, ce qui suffit dans bien des cas pour
« mettre en mesure de sauver une personne tombée à l'eau. »
(Voir fig. 4.)

Vous concevez aisément que des deux porte-amarre que décrit M. le comte d'Houdetot, c'est celui qui se charge avec 5 grammes de poudre et peut se tirer à l'épaule dont je vous ai parlé. Quant aux autres, je ne ferai mention que de deux, qui sont l'arbalète Le Métayer, qui lance une flèche de 75 à 100 mètres de distance suivant la force de l'arbalète, et la turrelutte dont je vous parlerai un peu plus tard. Le porte-amarre Conseil est tout bonnement une bouée à voile ou un petit bateau qui, par le vent et le courant, va porter un bout de corde au loin.

Mais je crois qu'il y aurait pour les rivières une modification heureuse à apporter au projectile d'Houdetot. Ce serait de le rendre flottant au lieu d'être plein comme il l'est, car il est important, quand on le lance à une personne en danger, qu'il reste sur l'eau. J'ai l'espoir que l'inventeur voudra bien se prêter à cette modification heureuse.

— *Qu'est-ce que c'est que le pistolet porte-amarre?*

Ce serait un porte-amarre de plus petite dimension que le fusil d'Houdetot qui se tirerait à la main et aurait une portée de 50 à 75 mètres. C'est encore à l'inventeur du porte-amarre à tir direct qu'on s'est adressé pour cette modification de son invention.

— *Qu'entendez-vous par des appareils d'insubmersion pour les personnes?*

Ce sont les plastrons à air, les ceintures de sauvetage, les scaphandres, les cuirasses et différents moyens enfin de se soutenir sur l'eau, sans être obligé de nager, et ne sachant pas nager.

16e LEÇON

— *Donnez-nous la description de ceux de ces appareils d'insubmersion qui d'après vous méritent la préférence?*

Je vais le faire autant que je le pourrai :

1° Les plastrons à air en caoutchouc prendraient le premier rang parmi les moyens de sauvetage de ce genre, s'ils ne présentaient pas différents inconvénients dont voici les principaux. 1° Ils sont susceptibles de se crever si on aborde un corps solide et anguleux et, dans un tel cas, ils deviendraient pour celui qui les porterait plus dangereux qu'utiles, car laissant échapper l'air qu'on y a insufflé et se remplissant d'eau, ils augmenteraient son poids; 2° les insectes les attaquent facilement et peuvent en rendre l'usage impossible; 3° enfin ils coûtent cher.

Les ceintures en caoutchouc présentent les mêmes inconvénients.

Les scaphandres offrent bien une sécurité absolue, mais ils sont embarrassants pour celui qui les porte, et de plus ils coûtent cher.

Ce sont les cuirasses de sauvetage qui, selon moi, offrent le plus d'avantage, parce qu'elles ne craignent rien ni du temps ni d'un abordage, et qu'elles coûtent fort bon marché.

Décrivez-nous une cuirasse?

Cet appareil, qui a été inventé par M. Conseil, est réellement une cuirasse qu'on se met sur le corps, comme une cuirasse ordinaire.

Il se compose de deux plastrons tenus l'un à l'autre par deux bretelles; l'un des plastrons pend sur la poitrine de celui qui l'endosse, l'autre sur le dos, quand il a passé sa tête entre les deux bretelles; ils se fixent solidement au moyen de courroies et de boucles qui sont placées sur les côtés. De plus, on empêche l'appareil de remonter au moyen d'une troisième courroie qui vient du plastron pendant sur le dos, et se boucle, après avoir passé entre les jambes, sur le plastron de la poitrine. On empêche l'appareil de remonter. Ces plastrons, qui sont couverts d'une toile imperméable, sont remplis de copeaux de bois de sap ou d'un bois très-léger, ce qui leur donne une épaisseur matelassée d'environ 5 centimètres; ils peuvent soutenir facilement une personne sur l'eau. Mais pour augmenter encore leur flottaison, sur la partie intérieure du plastron de la poitrine, il y a une poche à air que la personne qui a revêtu la cuirasse peut insuffler à volonté au moyen d'un tube à robine.

Celui qui est revêtu de cet appareil n'en est nullement gêné dans ses mouvements; quand il est hors de l'eau, il peut monter, descendre, filer ou abraquer une corde à volonté, ramer, gabarer, faire tout enfin ce qu'il ferait s'il n'en était pas revêtu; mais quand il est dans l'eau, il est absolument insubmersible, et, s'il doit se noyer, on trouvera son corps sur l'eau. De plus cet appareil le préserve de tout choc dangereux dans les deux parties du corps les plus vulnérables, la poitrine et le dos.

D'après la description que je viens de vous en donner, vous voyez que sa confection n'est pas dispendieuse, qu'elle n'est ni fragile, ni susceptible de prompte détérioration, si on la soigne, et qu'elle remplit toutes les conditions de sécurité voulues, même celle de servir de bouée de sauvetage à une personne à laquelle on la jetterait. Eh bien, cet objet si utile pour assurer la sécurité d'un sauveteur dans certains moments, peut être confectionné suivant la taille de la personne qui doit la revêtir, pour 4 ou 5 francs.

Les plastrons ont de 45 à 50 centimètres de long, sur 40 à 42 de large. C'est à mon avis l'appareil d'insubmersion qui jusqu'ici renferme le plus de propriétés diverses. (Voir fig. 5 et 6.)

17e LEÇON

— *Pourquoi faut-il qu'un poste de sauvetage soit pourvu de vêtements?*

Pour que, si l'on a le bonheur de sauver une ou plusieurs personnes dans certaines saisons, qui viennent toutes transies à terre, on puisse les déshabiller et les mettre dans des vêtements chauds; ce qui est souvent une condition essentielle pour ranimer un asphyxié qui, sans cela, périrait.

— Quelles sortes de signaux proposez-vous et quelle en est l'utilité?

Il n'est pas difficile d'apprécier que des signaux peuvent être extrêmement utiles, mais il faut qu'ils puissent servir dans toutes les circonstances, c'est-à-dire aussi bien de nuit et de brume que d'un jour clair; c'est pourquoi nous vous les proposons acoustiques.

Voici en quoi des signaux sont très-utiles : on voit passer une personne entraînée par le courant, qui la dérive si rapidement qu'on ne peut lui porter secours; le poste voisin en aval aurait cependant le temps de mettre son canot à l'eau et de venir au-devant du malheureux qui va périr. Comme le son est plus prompt que tout autre moyen de comprendre, on signale par le moyen d'un cornet un chiffre, un nombre qui, mis dans un vocabulaire convenu, fait connaître au poste voisin ce que l'on attend de lui. Mais pendant ce temps on ne reste pas inactif à regarder, on a bientôt armé son canot et on court après la personne en danger. Cependant comme on a tout intérêt à s'éloigner le moins possible de son poste, puisqu'on doit y revenir à la rame, si le courant est trop fort et qu'on ne puisse espérer de remonter à la rame, on fait un autre signal qui veut dire : Mettez-moi un bout de corde dehors afin que je m'en empare et n'aille pas plus loin. Alors on se rend à la rive la plus voisine où on fait hisser son canot sur le pont, d'où, au moyen d'un chariot, on retourne à son poste, car on doit, ainsi que son bateau, en être toujours le moins longtemps absent possible.

On peut au moyen d'un tel cornet signaler tous les nombres numératifs ; tout d'abord on applique ces dix signaux

aux choses d'urgence; ainsi 2, par exemple peut signifier : *Armez vite votre canot, une personne en dérive va passer sous votre pont* (*ou devant votre poste*). Autre exemple : supposons que 3 veuille dire : *Un canot vient de chavirer et les personnes qu'il contenait se tenant dessus sont entraînées vers vous par le courant;* on conçoit qu'au poste auquel on signale on n'a pas besoin d'en savoir davantage pour aller à leur secours.

18e LEÇON

— *Pouvez-vous nous donner un idée des signaux acoustiques?*

Oui, en voici le tableau :

0 Son prolongé veut dire *Attention!* Il ne faut jamais commencer un autre signal avant que l'on ait répondu à ce signal-là, et le recommencer au bout de quelques minutes s'il n'a pas été répété par celui auquel on s'adresse.

1 Deux sons consécutifs veulent dire : *Une personne que nous n'avons pu sauver va passer devant vous, veillez à la sauver, quand elle se présentera.*

2 Trois sons également espacés veulent dire : *Nous venons de voir un canot chavirer, une partie des personnes qu'il contenait se tiennent dessus et dérivent de votre côté. Alerte donc pour leur porter secours!*

3 Deux sons précipités et après un espace de 15" (1) un son simple, veulent dire : *La rivière charrie des débris et même des animaux, mettez-vous en quête avec votre canot au milieu du chenal pour sauver du monde s'il s'en présentait.*

4 Un son prolongé, qui après une pause est suivi de deux

---

(1) On signale à peu près 15 secondes en comptant mentalement le nombre quinze chiffre à chiffre, tels que *un*, *deux*, *trois*, etc.

sons précipités, veut dire : *La rivière grossit à vue d'œil, je crains que nous n'ayons un débordement.*

5 Deux sons précipités qui après une pause sont suivis de deux sons précipités, veulent dire : *Nous avons un commencement de débâcle.*

6 Deux sons précipités suivis d'une pause et d'un son prolongé qui après une seconde pause est suivi de deux sons précipités, veulent dire : *Le débordement (ou la débâcle, suivant le cas) est terrible et risque de produire de grands malheurs. Attention donc !*

7 Quatre sons successifs veulent dire : *Nous sommes dans le plus grand danger, venez vite à notre secours.*

8 Trois sons successifs, suivis d'une pause et d'un son simple, veulent dire : *La portion du pays que je vais vous indiquer commence à être inondée.*

9 Un son simple, suivi d'une pause et de trois sons successifs, veulent dire : *L'inondation gagne du terrain et déjà il y a du monde obligé de se réfugier sur les toits.*

(*Nota.*). Vous concevez aisément que ceci n'est qu'un spécimen de ce qu'on peut se dire par signaux acoustiques ; chaque endroit doit adopter à cet égard le vocabulaire qui convient le mieux à sa localité.

Il faut aussi que, suivant le même système, il y ait entre deux postes de sauvetage une table de localité approprié à ces lieux ; ainsi, si entre deux ponts il y a une usine, un moulin, une église, un monument, etc., etc., remarquable, on applique le n° 0 au premier de ces objets, le n° 2 au second, le n° 3 au troisième, etc., en sorte qu'à la suite du signal n° 8, si on signale 2 après une longue pause, ce sera le moulin qui est en danger.

Tel est le système indiqué par M. Conseil ; comme on le voit, il est des plus simples à mettre en œuvre, puisque avec un cornet, on peut faire toujours connaître, de jour, de nuit

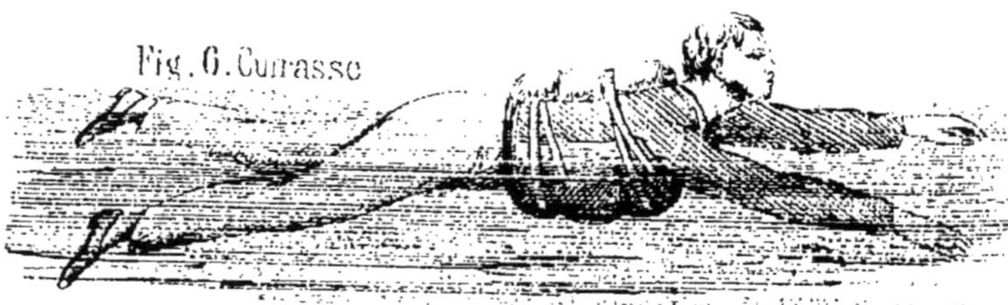
Fig. 6. Cuirasse

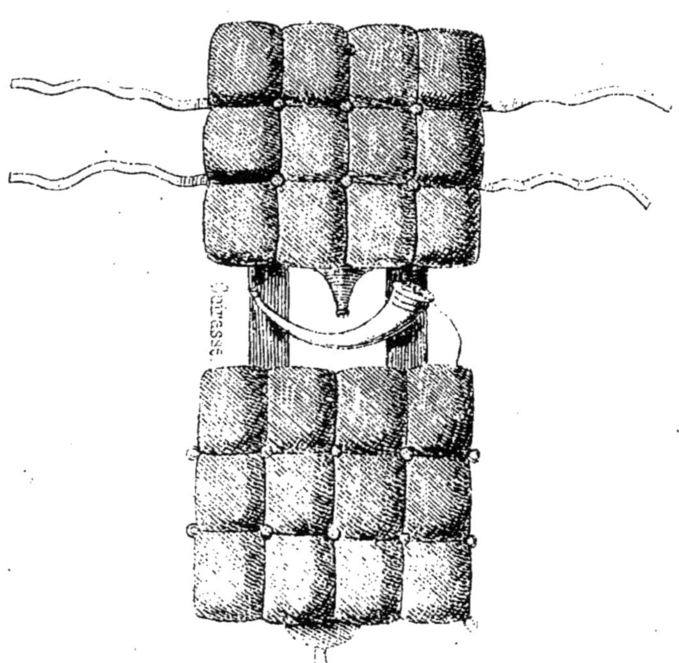
Fig. 5. Cuirasse. Page 56.

ou de brume, ce que l'on veut dire. Ordinairement les signaux s'adressent toujours aux postes qui sont en aval, car se sont ceux-là vers lesquels le courant dérive tout ce qui passe sous vos yeux, et qui est entraîné par lui.

— Qu'avez-vous besoin des vivres? De combustibles, cela se conçoit, mais des vivres, pourquoi cette précaution?

Lorsqu'un accident arrive de nuit, il n'est pas toujours aisé de se procurer ce dont on peut avoir besoin. A cet égard, si vous avez cela sous la main, comme vous êtes un homme raisonnable et de plus responsable, vous n'en ferez pas abus; mieux vaut donc en être pourvu que d'aller courir après, car on peut en avoir besoin instantanément.

QUATRIÈME SECTION

Du manuel pratique de sauvetage dans les eaux intérieures.

19e LEÇON

— Vous venez de nous donner une description succincte des engins de sauvetage qui devraient se trouver dans chaque poste; mais nous en voyons la répétition presque identique dans les objets que doit contenir le bateau de sauvetage. Qu'est-il besoin de tous ces objets à bord de ce bateau où ils se détériorent? Puisqu'on les a à terre, ne pourrait-on pas les embarquer au moment où l'on est appelé à se servir du bateau?

Non, parce que neuf fois sur dix on oublierait quelque chose d'utile. Il faut faire la part de la confusion en pareil cas et ne pas trop se fier à la mémoire de ceux qui doivent opérer. On est obligé de mettre le bateau promptement à l'eau si on veut donner des secours. Pendant que l'un va chercher les rames, l'autre les tolets et les escopes, celui-ci une longue corde, celui-là une bouée, etc., etc., les plus pressés s'en vont avec le bateau, et, dépourvus des objets qui peuvent assurer le succès de l'opération, manquent le sauvetage; et comme ici il n'y a pas à réparer une erreur, ils se repentent amèrement de leur précipitation à partir, mais il est trop tard. Tandis que si on a ces objets à bord on les trouve sous la main en embarquant.

— Quelles sont les connaissances que doit avoir un chef de sauvetage?

Être bon marinier et savoir promptement et adroitement manier une rame dans tous les sens, soit pour avancer, soit pour reculer, soit pour faire tourner son bateau sur un bord sur l'autre, soit enfin pour gabarer et même savoir s'en servir comme pagaie au besoin.

Il doit savoir facilement hisser hors de l'eau et amener le bateau à l'eau, l'amarrer, le mouiller, embarder au moyen de son câblot sur son ancre, défiler et garer cette embarcation aux approches d'un pont, d'un train, d'un bateau, d'un obstacle.

Il doit savoir faire et jeter un va-et-vient si le cas le réclame, se servir avec adresse d'un porte-amarre, lancer une bouée à main ou un autre objet dans une direction voulue.

Il doit savoir embarquer son monde dans son bateau et les classer pour qu'ils ne soient ni gênants ni dangereux.

Il doit savoir aborder toute espèce de rive ou de pont, de bâtiments ou de bateaux.

Il doit être bon nageur.

Il doit savoir installer un espars sur un pont avec un cartahu pour hisser les personnes qu'il faut enlever du bateau et mettre sur le pont.

Il doit savoir transporter un asphyxié au poste, sans secousses, et lui donner là les premiers soins en attendant le médecin.

Il doit être adroit, sobre, probe et continent. Telles sont

les connaissances spéciales qu'il doit avoir ; elles sont assez faciles à acquérir, mais avant de les avoir, il faut s'y exercer. Le chef sauveteur ne doit donc pas être un homme ordinaire.

— *Quelles sont les connaissances de sauvetage qu'on devrait exiger des pontiers?*

A peu près celles que nous venons d'énumérer dans le chef, mais peut-être à un moins haut degré de perfection.

20e LEÇON

— *Ne peut-on pas à peu de frais fabriquer des objets de sauvetage soi-même dans les endroits où il n'y a pas de postes de sauvetage?*

Rien n'empêcherait celui qui serait assez adroit pour en fabriquer. Je vais même vous indiquer des engins d'insubmersion faciles à faire et qui devraient se trouver dans toutes les maisons qui sont situées à peu de distance des fleuves, rivières, etc.

Comme moyen d'insubmersion, par exemple, coupez des joncs comme ceux dont se servent les rempailleurs de chaises ou les tonneliers, les plus gros et les plus longs possibles; laissez-les dans leur longueur après avoir trempé leur pied dans un peu de cire ou de poix bouillante, puis selon leur longueur, pliez-les en deux ou trois, de manière à en faire une botte qui ait environ 50 centimètres de longueur, ayant la forme d'un cigare, c'est-à-dire allant en s'amincissant des deux bouts ; donnez à ce cigare, qui a 50 centimètres de long environ, 90 centimètres de circonférence, plus de flottaison en introduisant au milieu un boyau de porc insufflé le plus gros possible (comme ceux dont on fait les saucissons, par exemple) ; coiffez les deux bouts de ce cigare avec une calotte de toile cirée bien serrée sur les joncs. Faites un second flotteur du même genre, fixez-les

4.

l'un à l'autre par une bande de forte toile, de 50 centimètres de long et de 33 de large, qui soit disposée de telle manière, que les bouts des deux cigares la dépassent de 10 centimètres. Ayez sur les deux ourlets de cette toile passée dedans un bout de ligne assez long pour que les deux extrémités puissent venir s'attacher sur le dos; ayez encore sur cette toile une espèce de collier où vous pourrez passer la tête, de manière à ce que les deux cigares viennent, ayant la bande de toile sur la poitrine, au-dessus du dos et vous aurez là un excellent flotteur, au moyen duquel vous serez insubmersible ; comme vous pouvez faire tout cela vous-même, il ne vous coûtera rien, ou presque rien. Suspendez-le derrière votre porte afin qu'au premier cri : Au secours ! le premier venu s'en empare et aille se jeter dans l'eau au secours de celui qui en réclame. Ne sût-il pas nager, il n'y a pas de crainte qu'il coule avec ce flotteur. (Voir fig. 7.)

Autre moyen. Ayez deux vessies de porc que vous pouvez fixer sur la toile en question ; laissez-les vides d'air, et quand vous en aurez besoin, trempez-les dans un peu d'eau et insufflez-les, vous aurez un moyen de flottaison, mais moins bon que le premier et beaucoup plus susceptible d'accident.

Troisième moyen. Achetez 2 k. de liége commun, débitez-e en lames et en plaques ; appliquez-le sur une toile de coton écrue, et pour peu de chose vous aurez un bon flotteur, avec lequel, ne sussiez-vous pas nager, vous pourrez aller au secours d'une personne qui se noie. Est-ce, ou serait-ce donc trop exiger des habitants d'une maison riveraine qu'ils eussent au moins un de ces appareils? Je ne le pense pas. Mais, comme nous l'avons déjà dit, il ne faut pas être radical en fait d'objets de sauvetage ; chacun peut s'ingénier à en fabriquer ; mais au moins il en faudrait avoir.

21ᵉ LEÇON

— *Comment vous y prenez-vous pour sauver le monde d'une embarcation qui chavire?*

Deux cas se présentent ici : ou l'on peut avoir de suite une autre embarcation, ou on n'en a pas. Si on a une embarcation, il faut aller se placer en aval du bateau chaviré et y mouiller, afin d'avoir ses mouvements libres; il faut mettre plusieurs bouts de corde garnis de bouées en liége dehors, les unes sur le bateau de sauvetage même, les autres sur les deux rames mises en travers. Chacun de ces bouts de corde doit avoir un œillet placé sur le plateau de liége, afin que la personne qui parviendrait à s'en emparer puisse se la passer sous les aisselles ; ou en s'appuyant sur le plateau elle puisse tenir jusqu'à ce que l'on vienne à son secours. Par ces moyens, s'il y a plusieurs personnes en dérive, pendant qu'on en sauve une, cinq ou six autres peuvent se mettre en position d'être sauvées. Il faut que les bouts de corde que l'on file soient de différentes longueurs pour que les bouées ne s'entortillent pas l'une dans l'autre et restent autant que possible indépendantes.

Quand une embarcation de rivière chavire, à moins qu'une partie du monde qui la montait, sachant nager, cherche à se sauver à la nage, ou les personnes s'accrochent au bateau le mieux qu'elles peuvent, ou elles sont dérivées dans une ligne assez étroite de courant; donc quand on parvient assez à temps à se mettre dans ce lit de courant, on peut espérer que le bateau avec le monde qu'il porte passera près du vôtre et que vous pourrez en accrocher, ou que les personnes qui ont été emportées par le courant et sont encore par lui soutenues sur l'eau passeront assez près de votre bateau de sauvetage ou pour être sauvées par vous, ou pour pouvoir attraper une des bouées de sauvetage que vous avez dehors. On a donc en agissant ainsi bien des chances de sauver du monde. Quand on voit qu'on a sauvé ce que l'on peut étant à l'ancre, il faut suivre le bateau chaviré avec le sien, s'il y a encore du monde à sauver.

Comme on le voit, les bouts de corde dont j'ai parlé dans la leçon 6 ne sont pas chose inutile.

Mais supposons qu'on n'ait pas de bateau prêt, la première chose à faire, c'est de signaler le désastre arrivé au poste le plus prochain en aval. Puis, si l'on voit un groupe de personnes sur le bateau, leur lancer de la rive une corde, si la chose est possible, à l'aide du porte-amarre, et voici comment on s'y prend. La corde que doit lancer le porte-amarre ne peut être grosse si on veut que cette arme ait une grande portée; c'est pourquoi il ne faut pas compter dessus pour attirer le bateau, mais seulement amarrer au bout de la ligne qui tient au projectile, une autre corde plus forte. Comme la ligne du porte-amarre tombe sur l'embarcation chavirée, si les personnes qui s'y soutiennent n'ont pas toutes perdu la tête elles tirent à elles le bon bout de la corde, ce qui permet d'attirer à soi le bateau ou d'aller en l'accostant en dérive avec lui de manière à avoir le temps de sauver tout le monde.

Ce que l'on peut faire pour un bateau, on peut le faire *a fortiori* pour une personne qui se soutient sur l'eau. Vous lui lancez un porte-amarre qui la dépasse et qui tombe à peu de distance au delà d'elle, laissant la ligne tomber sur son corps, ou lui indiquant une petite bouée. Dans le premier cas, le projectile est à grappin comme celui dont nous donnons le dessin. Dans le second, elle le voit sur l'eau et s'en empare, et comme une personne présente beaucoup moins de résistance qu'un bateau, souvent il suffit de cette simple ligne pour l'attirer à soi.

Si l'on a une cuirasse, un plastron, un moyen d'insubmersion enfin, il faut s'attacher l'amarre destinée à remorquer le bateau à terre, autour du corps, et aller soi-même à la nage l'amarrer sur ce bateau chaviré.

Enfin, si c'est une personne seule qui soit pour ce bateau, il faut aller ou lui porter un bout de corde comme nous avons dit plus haut, ou le ramener avec soi.

Tels sont les principaux moyens d'aller au secours des personnes que porte une embarcation qui chavire. Mais, pour faire ces manœuvres, il faut y être habitué, et on ne s'y habitue que par des exercices fréquents. On ne saurait donc trop le répéter, car ici pas de milieu, c'est la vie ou la mort, et devant une pareille expectative, quel est l'homme qui oserait se dire sauveteur sans en avoir les connaissances ? Ce serait par trop imprudent. Des exercices donc, de fréquents exercices, et, quand on y sera bien rompu, on en fera un jeu. Même au moment du danger, quelle joie de voir qu'en récompense des peines qu'on s'est données, on a arraché à la mort plusieurs créatures humaines qui sans vous eussent péri! Voilà les vrais sauveteurs, et non tant d'autres personnes qui usurpent ce nom par un zèle sans intelligence et des moyens maladroits qui souvent augmentent le danger.

22e LEÇON

— *Quels sont les secours qu'on doit être toujours prêt à donner dans une débâcle ou un débordement?*

Sur le fleuve, la rivière, le cours d'eau enfin où le débordement a lieu, il faut être prêt avec une embarcation amarrée à une longue corde à embarder de droite à gauche vers les personnes qu'on verrait être entraînées au milieu des glaçons. C'est principalement de dessus les ponts qu'on doit prendre ces précautions. Il faut être toujours à bord du canot pendant l'accident et la nuit, filer des bouées avec des feux corner souvent pour faire savoir où l'on est, afin qu'un bateau qui a du monde à bord ou une personne en dérive sache où se diriger pour avoir des secours.

Il faut pour le cas d'inondation être très-vigilant, pour voir quels sont les maisons qui auraient besoin de secours, afin d'y aller aussitôt.

Il est bon aussi que les habitants riverains aient un signal acoustique de convention, pour avertir en cas de danger les postes de sauvetage des périls qu'ils courent et en obtenir promptement des secours.

— *Que nommez-vous débordement?*

Toutes les fois qu'un cours d'eau dépasse son altitude moyenne, soit par suite de grandes pluies continues, de fonte de neiges ou autres causes; alors le courant prend une très-grande rapidité, et s'il y a des terrains plus bas dans le parcours des rives que le niveau auquel l'eau monte, ils sont inondés, à moins qu'ils ne soient garantis contre l'inondation par des digues assez fortes pour que la pression de l'eau, qui est immense, ne les rompe pas. Si cet accident arrive, l'inondation est telle que souvent dans les maisons qui sont situées dans les bas fonds les habitants sont obligés de se réfugier jusque sur les toits.

— *Qu'est-ce qu'une débâcle?*

A la fin de chaque hiver rigoureux où les rivières gèlent' quand vient le printemps et que la glace fond, il y a débâcle, c'est-à-dire que la glace, qui ne formait qu'une surface unie d'une certaine épaisseur, se brise en fragments plus ou moins grands qui s'agglomèrent, se soudent et font souvent des masses considérables entraînées par le courant; et si les propriétés riveraines ne sont pas bien garanties par des pare-glaces, elles sont attaquées par les glaçons et souvent il en résulte pour les propriétaires de très-grands dommages.

Lorsqu'une débâcle a lieu dans les conditions ordinaires, ses effets sont peu à redouter. Mais quand à la fin d'un hiver rigoureux où il est tombé beaucoup de neige, il survient des chaleurs insolites qui font rompre la glace et fondre la neige, il en résulte des débâcles avec débordements, qui sont fort dangereuses, car des masses considérables de glaces poussées par un courant rapide, venant à passer sous l'arche d'un pont et ne pouvant le faire aisément, sont bientôt suivies d'autres glaces qui s'accumulent, s'amoncellent souvent à une hauteur plus grande que le pont lui-même, ce qui fait que fréquemment elles l'emportent. Si ces masses de glaces se précipitent sur un point saillant, une pointe, une usine, un moulin, etc., il est bien difficile qu'il puisse résister à un tel choc; alors à la glace se joignent les débris flottants, ce qui augmente encore le danger, et, dans une telle circonstance, si une digue est attaquée, il est rare qu'elle résiste. Alors les glaçons pénétrant, flottant par l'ouverture béante de la digue, portent partout avec eux la désolation et la destruction. S'ils trouvent une maison sur leur chemin, ils l'abattent, si c'est un arbre, ils l'arrachent des terrains, ils les labourent de telle sorte que souvent, après la débâcle, on voit avec stupéfaction que là où il y avait un trou il y a une butte, et que où existait une butte, il y a un trou. Enfin ces accidents causent des dégâts terribles, toujours considérables, et on peut s'estimer heureux quand on n'a que des pertes matérielles à regretter.

23e LEÇON

— Vous parlez des ravages que causent les débâcles et les débordements en produisant des inondations; est-ce que le courant est aussi rapide sur les terres inondées qu'il l'est dans le lit de la rivière?

Bien loin de là, quand l'inondation commence, il en résulte tout naturellement une diminution des eaux dans le chenal, mais il s'établit un courant bien actif dans toutes les parties basses des terres inondées, jusqu'à ce que tous ces creux soient remplis et que l'eau soit venue de niveau. Puis le courant de l'inondation diminue, malgré qu'il reste cependant très-sensible jusqu'au moment où les terres inondées ne sont plus couvertes que d'une couche d'eau à la hauteur de celle du debordement. Alors le mouvement des eaux dans l'inondation diminue encore. Mais comme il faut cependant que ces eaux s'écoulent, il y a toujours un certain courant, qui mine surtout les édifices qui lui font obstacle. De là résultent des éboulements de terrains et de maisons, et bien d'autres sinistres. Le péril est surtout pour les personnes dans les étages supérieurs, ou sur le toit d'une maison; il s'agit d'abord de les sauver avant de penser à autre chose.

— *Comment s'y prend-on pour aller sauver les personnes qui sont dans une maison inondée?*

D'abord, si c'est en barque que l'on peut aller donner ces secours, il faut avoir dans cette barque un porte-amarre quelconque, des cordes et une échelle de corde; il est bon même quelquefois d'y avoir un va-et-vient.

Il faut prendre l'édifice d'aval au courant: si on peut procéder de niveau, c'est peu embarrassant, car il s'agit seulement de recevoir les inondés dans sa barque. Mais s'ils sont réfugiés dans les étages supérieurs ou sur les toits, c'est plus difficile, surtout quand il y a parmi eux des femmes et des enfants; car indépendamment du danger réel, leur effroi le leur fait paraître bien plus grand encore, ils ont la tête perdue et ne s'aident en aucune manière. Alors si l'on voit une personne qui ait conservé quelque sang-froid, on lui envoie le bout du porte-amarre au moyen

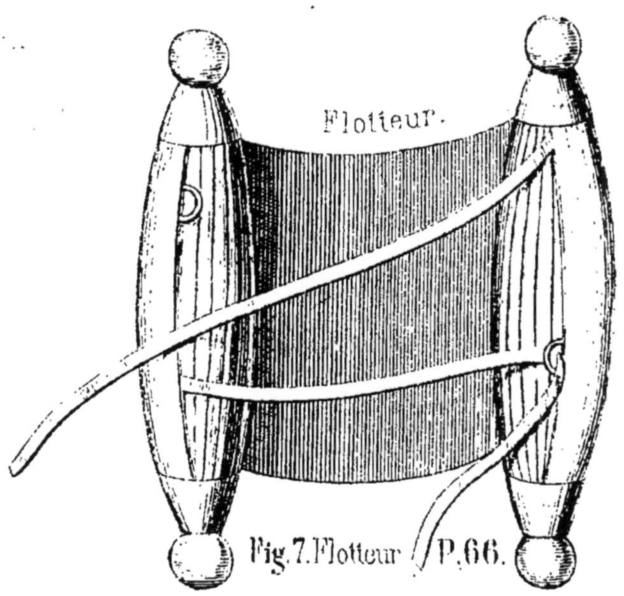

Fig. 7. Flotteur P. 66.

Fig. 8.

duquel elle tire à elle l'échelle de corde et l'amarre solidement; alors le sauveteur, qui est l'homme d'exécution parce qu'il sait faire, et qu'il a conservé ses facultés mentales, monte par cette échelle avec des cordes auprès des inondés qu'il attache l'un après l'autre et les fait glisser jusque dans le bateau où on les reçoit. Quand il a descendu le dernier, on lui envoie une poulie simple, dans laquelle il passe la corde de suspension de l'échelle de corde, il attache solidement cette poulie quelque part et envoit le bout de corde de l'échelle à bord du bateau; alors qu'il est embarqué lui-même on dépasse la corde, on laisse là la poulie, et on se dirige vers le point de salut le plus voisin, pour y déposer la précieuse cargaison.

24e LEÇON

— Mais s'il y a plus de monde dans une maison que n'en peut contenir l'embarcation, que faut-il faire?

S'il n'y a que quelques personnes de plus que le bateau n'en peut prendre et qu'on ait des ceintures ou des cuirasses d'insubmersion avec soi, on les fait endosser à celles qui sont les plus vigoureuses et on les met en dehors de l'embarcation, à la traîne.

Si on n'a pas de ceinture, si le temps presse, la dernière ressource à employer c'est de les amarrer contre le canot, de manière à ce qu'elles aient la tête et les épaules hors de l'eau et puissent respirer facilement. Par ce moyen, on peut souvent sauver six personnes de plus que l'embarcation ne peut en porter.

— Ici ce n'est pas comme à la mer, il n'y a pas de grands flots dangereux; on doit donc courir peu de risques quand on sait s'y prendre pour sauver les habitants d'une maison inondée?

C'est plus dangereux que vous ne pensez. Comme l'eau

mine sans cesse l'édifice où vous êtes, il peut bien se faire que la maison s'écroule et vous entraîne avec les inondés dans le gouffre. C'est pourquoi, lorsque quelques symptômes de démolissement se manifestent, il faut se hâter, être vif, adroit et prudent dans une telle circonstance; surtout il faut se débarrasser de ces considérations ridicules qui souvent font perdre un temps précieux en discussions oiseuses; empoignez-moi ces femmelettes qui ont des terreurs et des peurs ridicules, amarrez-les de force s'il le faut et affalez-les dans le bateau ; plus tard elles vous remercieront de la violence que vous leur aurez faite et à laquelle elles auront dû leur vie et les soins des personnes qui les accompagnent.

— *Comment mettez-vous ces personnes dans votre barque ?*

Assises dans le fond avec défense expresse de bouger jusqu'à ce qu'elles en reçoivent de vous la permission, car si vous les laissez toutes se tenir debout, il en résultera que vous en prendrez quelques-unes de plus, il est vrai, mais que vous courrez grand risque de les noyer et vous aussi, avant d'attraper la terre. Encore là, il n'y a pas de considération sociale qui tienne, il faut commander despotiquement pour être obéi sans réplique.

— *Ne prenez-vous pas quelques précautions dans le moment de l'embarquement?*

Oui, il faut avoir soin de n'accoster près de l'édifice qui menace ruine qu'au fur et à mesure qu'on vous affale une personne, pour que si la catastrophe a lieu pendant ce dangereux sauvetage, vous ne risquiez pas à ce qu'un pan de muraille ou une cheminée tombant à bord de la barque, vous coule et noie tout le monde; il faut donc être très-prudent à cet égard.

— Quelles précautions doivent prendre les sauveteurs qui vont au secours des inondés, surtout celui qui va parmi eux?

Ils doivent avoir chacun sur eux un appareil d'insubmersion, afin que si l'édifice s'écroule ou qu'un autre accident arrive, ils aient quelques chances de salut. A quoi bon s'exposer inutilement, rappelons-nous le proverbe : *La prudence est la mère de la sûreté*, et cet adage : *La valeur n'est valeur qu'autant qu'elle est utile.* Le danger, en pareil cas, est bien assez grand sans s'exposer encore à l'augmenter en négligeant les précautions qui peuvent le conjurer.

— Les inondés ne peuvent-ils pas s'aider eux-mêmes dans un pareil désastre?

Très-souvent, s'ils ne perdaient pas la tête, ils pourraient le faire; en employant tous les objets insubmersibles qu'ils auraient sous la main et se construire un flotteur avec lequel ils pourraient souvent gagner la terre la plus proche. Qu'en coûterait-il, en prévision d'un pareil malheur, d'avoir autant de flotteurs que d'habitants d'une maison, quand ils coûteraient chacun un franc. Ne serait-ce pas de l'argent mieux employé que celui que l'on dépense pour un vase que l'on met sur une cheminée, ou une breloque que l'on pend à sa montre?

25e LEÇON

— Quelle autre précaution indique la prudence quand une inondation commence?

Il faut monter tous les vivres dans les étages supérieurs,

sortir les bestiaux et les chevaux de leurs étables et de leurs écuries, les disposer de manière à ce qu'ils soient libres d'agir par leur propre instinct dès qu'il sera utile; car si la distance n'est pas trop grande, ils gagneront la terre ferme à la nage, les chevaux et les bêtes à cornes nageant fort bien. Si parmi ces animaux il en est qui soient maigres et qu'on craigne qu'ils ne puissent pas surnager longtemps sans secours accessoires, on peut les rendre insubmersibles en leur attachant solidement des faisceaux de paille autour du corps.

On peut encore se servir de ce moyen pour sauver des enfants, des femmes; en les attachant fortement sur le dos de ces animaux (rendus insubmersibles s'il le faut), on est sûr qu'ils les porteront à terre : mais à moins que ce ne soit une grande personne, qui alors pourra se détacher elle-même, il est bon, quand on confie d'aussi chers intérêts à un animal, de l'attacher à un autre sur lequel on monte soi-même, afin de les diriger tous les deux.

Comme on doit prendre toutes précautions pour que l'animal que l'on dirige ne s'effraie pas, il est bon de lui bander les yeux; alors on le conduit où l'on veut.

Cette mesure est de toute nécessité pour les diriger à la nage vers la barque, où on les hisse au moyen d'un palan fait sur une bigue soutenue par le mât. On ne doit rien craindre de la fureur de ces animaux jusqu'à ce qu'ils prennent pied dans la barque; rien ne paraît plus déconcerté qu'un cheval ou une bête à corne tant qu'elle est à flot ou suspendue en l'air. Mais dès qu'elle prend pied, c'est autre chose; c'est pourquoi, si on n'a pas eu le temps de mettre une couche de terre ou de paille dans le fond de la barque, il faut, avant que l'animal soit sur pied, lui amarrer les quatre pieds, deux à deux, pour qu'elle ne puisse pas rester debout.

Si le rivage était trop éloigné pour espérer que ces animaux pussent gagner la terre à la nage, pour donner des secours efficaces, il faudrait se procurer une barque, avec laquelle on irait au secours des inondés, mouiller cette barque à peu de distance de la maison où l'on sauve, pour que l'on puisse promptement aller de l'édifice inondé à la barque et réciproquement.

26e LEÇON

— *Mais si les personnes qui sont dans une maison sont exposées dans une inondation, celles qui sont sur un pont dans un débordement le sont bien plus encore.*

Il est vrai que là elles sont, surtout dans une débâcle, en présence d'un ennemi redoutable ; mais quand on a pris quelques précautions à l'avance, on peut conjurer ce danger.

Ce sont donc ces précautions qu'il convient de prendre quand, vers la fin d'un rude hiver, on peut craindre une débâcle suivie d'un débordement. C'est pourquoi nous voudrions voir, sur les ponts à plusieurs arches particulièrement, deux montants comme ceux que l'on a à bord d'un bâtiment, pour y suspendre le bateau de sauvetage ; au cas de malheur, c'est là qu'on se réunirait, on commencerait d'abord par faire évacuer le pont à toutes les personnes inutiles, femmes, enfants particulièrement ; puis quand il n'aurait plus que le nombre de personnes qui peuvent être contenus dans le canot et qu'il en serait temps, on s'y embarquerait, ayant le bout des garants de palans à bord, et un couteau pour les couper en temps utile; alors, profitant d'une embellie, on s'affalerait à l'eau et on couperait les garants dès qu'on serait à flot.

— *Si les personnes exposées étaient sur le pont d'une ri-*

vière ou d'un fleuve débordé, comment pourrait-on s'y prendre pour les sauver ?

Il faut que les sauveteurs s'approchent avec leur embarcation de la pile d'une arche et en aval, qu'ils restent dans le remou que fait cette pile, envoyant une amarre au pont; mais il ne faut pas qu'on s'en approche de trop près, surtout si les arches menacent ruine; car si une pierre d'une pile venait à se détacher et à tomber à bord du bateau, elle pourrait le couler. Il est donc bon, en pareil cas, de faire faire aux gens qui sont sur le pont une espèce de grue, et s'ils n'en ont pas les éléments et qu'il y ait danger incessant de s'approcher, leur jeter des bouts de corde que ceux qui restent sur le pont tiendront quand la personne à mettre à l'eau s'y jettera, ou s'y mettra au moyen de l'échelle de corde, parce qu'étant à 3 ou 4 mètres de là, on les attrapera à mesure qu'elles viendront vers le bateau à l'aide du courant. Quand il ne reste plus qu'une personne on lui jette une corde passée dans une poulie qu'elle amarre sur un point du pont; elle s'amarre à l'un des bouts de cette corde, jette au bateau l'autre bout, s'élance à l'eau et est recueillie, comme les autres. Tels sont les moyens à l'aide desquels on peut effectuer un tel sauvetage en en diminuant de beaucoup les risques.

On conçoit aussi qu'en pareil cas, s'il faut sauver en barque, il ne faut pas partir avec la barque sans avoir une bonne provision de vivres de toute nature, pour en distribuer aux inondés et même aux animaux qu'on peut avoir à sauver.

Vous me trouverez peut-être bien minutieux dans mes recommandations, mais il faut se rappeler qu'il n'est pas de petites précautions à prendre en pareille circonstance; et comme en vous indiquant comment il faut s'y prendre pour sauver les inondés j'ai tout mon sang-froid, et comme j'ai envisagé les difficultés à surmonter une à une, je crois ne devoir rien oublier.

27e LEÇON

— Comment vous y prenez-vous quand vous devez aborder à une rive escarpée pour y débarquer votre monde?

Il me faut établir un va-et-vient avec la terre.

— Qu'est-ce qu'un va-et-vient?

Le nom seul l'indique : c'est un siége que l'on fait voyager le long d'une corde, tantôt de bord à terre, tantôt de terre à bord, au moyen d'une autre corde sans fin. (Voir fig. 9).

— Comment installez-vous un va-et-vient ?

Il faut d'abord avoir une grosse et forte corde passée dans un grand anneau auquel pendent environ 2 mètres d'une corde plus petite, puis avoir un siége quelconque suspendu au moyen d'une patte-d'oie à quatre branches réunies dans un anneau qui est placé sur le bout de corde mentionné ; mettre une poulie simple à bord du bateau et une autre à l'endroit où la personne, que l'on assiéra sur la planche, doit débarquer, et y passer une corde plus fine que celle à laquelle est suspendue la planche, dont un des bouts est amarré sur un côté dans le milieu de cette planche et l'autre sur le milieu du côté opposé, on roidit bien la grosse corde que l'on nomme *draille*. La planche alors sert de chaise. Alors on fait asseoir à bord, sur cette chaise, la personne qu'on veut envoyer à terre, et, tirant sur le bout de la corde qui vient de terre, on l'y traîne. Dès qu'elle est rendue et que la chaise est débarrassée, on la retire à soi pour en envoyer une autre par le même moyen, ainsi de suite jusqu'à la dernière qui se place elle-même sur la chaise le dos tourné à la terre, et se file elle-même à mesure qu'on la tire à soi ; or, comme c'est ordinairement le chef sauveteur qui est cette dernière personne-là, il n'est pas embarrassé pour faire cette manœuvre. Mais avant que de pouvoir établir avec la terre ce va-et-vient, que de précautions à prendre! Il faut d'abord mouiller son ancre le plus près de la terre possible, puis mettre ses deux avirons sur le bord de l'embarcation, de manière qu'ils la débordent de la rive des trois quarts de leur longueur.

Il faut ensuite mettre un bout de corde par devant, un autre par derrière; les envoyer aux personnes qui sont à terre, pour qu'elles les amarrent fortement, et les roidissent jusqu'à ce que le bout des rames touche la terre, de façon que le bateau ne pouvant plus reculer, et ne pouvant plus s'approcher de terre ni s'en éloigner, il faut qu'il reste presque fixe. Ce n'est qu'après avoir pris ces précautions préalables qu'il faut établir son va-et-vient.

Souvent il arrive que l'endroit le plus voisin est une rive de terre, et qu'on serait obligé d'aller fort loin si on ne débarquait pas là ses naufragés. Dans une telle circonstance s'il y a du monde à terre et qu'on ait un arbre à portée on peut établir sur lui son va-et-vient de manière que les personnes halées à terre passent au-dessus de la rive et n'aient conséquemment pas de crainte de la faire ébouler. A défaut d'un arbre, on peut planter un pieu qui, pour établir le va-et-vient, offre le même avantage.

Tels sont à peu près les préceptes généraux pour donner des secours dans une inondation, un débordement ou une débâcle. La personne intelligente qui les observera aura certainement l'adresse de faire des innovations heureuses; mais il faut, pour devenir habile sauveteur, s'y exercer.

Fig. 9. Va-et-Vient. Page 79.

CINQUIÈME SECTION

Sur les précautions à prendre quand on veut patiner.

28e LEÇON

— *Savez-vous patiner?*

Oui.

Non.

—*Quelles précautions conseillez-vous aux patineurs?*

Il faut les engager, avant d'aller prendre cet exercice sur la glace, d'avoir toujours sur eux un moyen d'insubmersion, pour que s'il se fait un trou dans la glace, on puisse les secourir à temps et qu'ils ne soient point entraînés dessous.

— *Quels sont les endroits dont les patineurs doivent se défier en patinant?*

Ceux où la glace est trop faible pour pouvoir les supporter.

5.

— Qui peut produire cet effet que la glace est beaucoup moins épaisse pour porter dans certains endroits que dans d'autres ?

Plusieurs causes : d'abord celle où une source, venant du fond, et dont la température plus élevée a pour effet de désagréger sans cesse la glace dans l'endroit où elle surgit à fleur d'eau.

— A quoi reconnaît-on cet effet ?

En ce que la glace, qui est blanche ailleurs, est presque verte dans cet endroit-là.

Souvent aussi on se hâte trop d'aller sur la glace, qui n'ayant pas la force de vous soutenir, rompt sous vos pieds et vous engloutit.

Les pêcheurs d'anguilles occasionnent aussi quelquefois ces malheurs. Comme ils font des trous dans la glace pour attirer ces poissons à fleur d'eau à l'aide d'un flambeau, la glace qui souvent dans une nuit n'a pas eu le temps de prendre assez fort pour porter une personne, se rompt facilement à ces endroits.

Enfin, il faut être très-prudent quand on veut patiner sans courir de risque ; c'est, du reste, un exercice fort hygiénique et fort amusant.

— Comment peut-on aller donner des secours à une personne passée sous la glace sans s'exposer à périr avec la personne en péril ?

Pour le faire il est différents moyens, mais le meilleur est d'avoir un bateau à glace.

29e LEÇON

— Qu'est-ce qu'un bateau à glace ?

C'est une espèce de grand panier fait en forme de canot

et qui a environ 3 m. et plus de longueur sur 1 m. 50 de largeur ; il est placé sur une semelle de bois portant sur deux patins. Dans le milieu du bateau il y a un vide en communication avec la glace. Cette espèce de nacelle est doublée en dedans de tous côtés, d'une toile cirée pour que lorsque ce bateau est à flot il ne puisse pas se remplir d'eau.

La semelle sur laquelle repose le bateau relève un peu par ses extrémités.

Dans l'arrière du bateau à glace il y a une caisse avec matelas et couverture pour y placer la personne sauvée, quand l'état dans lequel on la retire de l'eau l'exige. (Voir fig. 10).

— *De quoi se compose l'armement de ce bateau ?*

De deux petites rames pourvues de crocs à la pelle pour servir de gaffes et de dragues au besoin, d'une longue corde et d'un porte-amarre, de quelques cordiaux et sels, et enfin d'une masse quand on doit agir sur une eau courante.

— *Comment dirige-t-on ce bateau ?*

Au moyen de deux brancards comme un chariot, et de deux prolonges qui s'attellent dessus le brancard. Une personne se met sur le brancard, et les deux autres sur les prolonges. Un quatrième homme se met dans le puits, et, marchant au travers sur la glace, on se dirige au pas de course vers l'endroit où le sinistre est arrivé, attendu que la semelle porte sur deux patins. Dès que l'on entend ou que l'on voit la glace craquer, les deux hommes aux prolonges font retraite, celui qui est dans le puits poussent de l'avant, ainsi que celui qui est aux brancards et bientôt, faisant rompre la glace sous le poids du bateau et de leurs corps réunis, celui-ci tombe à flot. Dans ce moment, la personne qui est dans le puits se met sur l'avant, tandis que celui qui était aux brancards saute sur l'arrière. C'est alors qu'armés chacun d'un de leurs avirons-gaffes, ils explorent le fond pour trouver la personne coulée. Si c'est dans une eau dormante, c'est assez aisé ; mais si c'est dans une eau courante, il faut souvent parcourir une certaine distance pour trouver ce corps. C'est alors que la masse fait son effet parce que tandis que l'homme à l'arrière dirige le bateau en gabarant avec sa rame, celui de devant brise, la glace avec sa masse et consulte le fond avec son aviron jusqu'a ce qu'il trouve le noyé. Dès qu'il le sent, il l'accroche partout où il peut afin de le ramener à lui. Pendant ce temps son camarade prépare un lagui pour le lui passer autour du corps, d'un bras ou d'une jambe, enfin pour le saisir par un endroit quelconque dès qu'il le pourra, et, le corps ramené à flot, tous deux l'embarquent en lui donnant le moins de secousses possible. Ils le couchent promptement dessus les matelas dans la boîte destinée à cet effet, ils s'empressent de lacérer ses habillements pour l'en débarrasser le plus tôt possible, et étendant une couverture de laine sous lui, ils l'en enveloppent et le recouvrent avec les deux autres. Alors ils s'empressent de revenir à terre, et, jetant, au moyen du porte amarre, le bout de leur corde aux hommes qui sont sur la glace, se plaçant tout deux derrière, font relever l'avant du bateau au-dessus de la glace, sur laquelle les personnes qui sont à terre les tirent en partie, tandis qu'eux poussent de fond avec leurs avirons. Dès qu'ils voient l'avant du bateau engagé sur la glace solide, ils s'empressent de passer devant et de sauter le plus vite qu'il peuvent sur la glace, autant pour alléger la nacelle de leur poids, que pour la traîner vite à sec, car il n'y a pas un moment à perdre, il peut se faire qu'il reste un souffle de vie à la personne sauvée et que par des soins bien entendus donnés au noyé on puisse le rappeler à la vie. (La vie se conserve bien longtemps dans une personne qui est sous la glace, on en a vu revenir à la lumière après une demi-heure d'immersion.)

Aussitôt donc que le bateau est sur la glace solide, il faut le traîner au pas de course sur le point le plus voisin de la rive où on pourra donner à la personne sauvée les secours que réclame une aussi dangereuse position.

Alors on enlève, à quatre, la caisse sur laquelle est couché le noyé, au moyen des deux avirons qu'on passe dans les estopes qui y sont placées à cet effet, et on la porte sans secousse aucune à l'endroit où l'on peut lui donner des soins continus. Certainement que s'il y a sauvetage possible, c'est ainsi qu'on peut en obtenir un bon résultat.

30e LEÇON

— *Mais vous ne nous avez pas décrit cette boîte qui nous paraît disposée merveilleusement pour la circonstance; pouvez-vous le faire?*

Oui. Je vous ai dit, en vous parlant du bateau à glace, qu'entre l'arrière et le puits ou vide il y avait un châssis. Ce châssis contient une caisse carrée, ayant 1 m. 80 de long sur 60 centimètres de large, qui a un caléfacteur; dans cette caisse il y a deux matelas, dont le supérieur est couvert d'une toile cirée. Il y a indépendamment de cela, dans cette même caisse, un oreiller et trois couvertures de laine, puis une carcasse pour couvrir le tout afin que la personne sauvée qu'on y couche soit le plus à l'abri du vent possible.

A chaque bout de cette caisse il y a une estope assez longue pour permettre d'y passer un aviron au-dessus du bord du canot. Aussitôt donc que l'on a placé le noyé sur la caisse et allumé le caléfacteur, et que l'on est arrivé à l'endroit où on doit débarquer le corps, on passe dans ces estopes une rame, ce qui permet à quatre personnes d'enlever la caisse et le noyé sans secousses, et de le porter ainsi à l'endroit où on peut lui donner des secours plus efficaces.

— Mais vous nous parlez d'un caléfacteur; qu'est-ce qu'un caléfacteur ?

C'est une carcasse en fer-blanc de la forme d'une carapace de homard. Dans son extrémité inférieure est placée une lampe à esprit-de-vin, et son orifice supérieur est couvert d'une toile métallique pour préserver de l'incendie la literie qu'elle doit contenir. Son orifice se place dans une planche formant le pied de la caisse, et se trouve au-dessous de la couverture, ou entre les pieds du noyé, ou dessous les pieds. Quand on l'a couvert, on allume la lampe, et elle répand sous la couverture une chaleur de 40 à 50 degrés qui, avec celle de la couverture, en donne une de 60 degrés, suffisante, si la personne n'est pas morte, pour lui conserver cette dernière étincelle de vie qui lui reste. (Voir fig. 11).

31e LEÇON

— Vous nous avez placé dans une exception, celle où l'on a un bateau à glace dans les lieux où il y a un patinage organisé et où l'on a cette précaution prise ; mais, nous le disons encore, c'est l'exception. Comment fait-on pour aller donner des secours à une personne tombée sous la glace quand on n'a pas de bateau à glace?

Il faut alors avoir un flotteur puissant quelconque, se faire amarrer une corde autour du corps et aller soi-même à l'endroit où la personne est disparue. Si c'est dans un endroit où il y a du courant, le sauvetage nous paraît presque impossible; mais si c'est dans un endroit où il n'y a pas de courant, une personne résolue et dévouée peut plonger dans le trou pour accrocher d'une manière quelconque le corps qui est gisant dessous, et, en le redressant, venir respirer par le même trou. Pendant ce temps une autre personne met une planche en travers sur le trou, afin qu'elle porte sur la glace solide, et on vient dessus, pour aider le sauveteur à en sortir et ensuite pour enlever le cadavre amarré ; mais tout cela est bien chanceux.

— Que doit faire une personne qui sent que la glace se rompt sous ses pieds ?

Il lui faut, ou se laisser tomber doucement sur le dos, ou, au moment qu'elle enfonce, étendre les bras dans toute leur longueur, afin d'empêcher qu'elle ne passe dessous, et dans cette position, sans faire de mouvements, attendre que l'on vienne à son secours.

Il faut que la personne qui la voit ainsi, se procure le plus promptement possible une planche ou une corde. Si c'est une planche en, la poussant auprès de celle qui est exposée, comme elle portera sur la glace solide, elle peut souvent l'enlever hors du trou ; si c'est une corde, il faut qu'elle y fasse un nœud coulant, et, passant l'autre bout dans ce nœud, fasse un œillet assez grand pour que la personne ainsi étendue y puisse passer son corps. Allant alors avec précaution près de celui qui est à moitié corps dans la glace, elle tâche de lui jeter la boucle par-dessus la tête, afin qu'elle passe cette corde sous ses esselles, et quand elle est ainsi saisie, celle-ci peut s'aider de ses mains pour monter sur la glace. Si elle ne le peut faire, on a au moins la certitude qu'elle n'est pas exposée à passer par fatigue dessous, jusqu'au moment où on pourra venir avec une planche la délivrer ; car on conçoit que si l'on peut moins on peut plus, c'est-à-dire que si l'un ou l'autre de ces moyens offre des chances de réussite, les deux réunis en offrent presque la certitude.

32e LEÇON

— Il est souvent du plus haut intérêt pour une famille

de retrouver le corps d'un de ses membres qui s'est noyé; comment vous y prendriez-vous pour le faire?

Il se présente ici deux cas : le premier est que si l'accident est arrivé dans une pièce d'eau, un étang, un lac, une eau où il n'y a pas de courant apparent enfin, si on sait où elle a péri, on peut assez aisément, en fouillant le fond avec une gaffe ou un aviron, la retrouver. Si ce moyen ne réussit pas, il faut la draguer. Or, pour faire cette exploration de manière qu'on ne repasse pas plusieurs fois dans le même espace, ce qui est fort inutile, on pique deux pieux en terre pour servir de jalons d'alignement dans un sens, puis deux autres, au même effet dans le sens perpendiculaire; on prend une longue corde, on en fait le milieu, et de 25 centimètres en 25 centimètres des deux côtés de ce milieu, on met des crochets sur une longueur de 2 mètres. On en a donc ainsi 16 qui tiennent un espace de 4 mètres, dans le milieu de la corde; à ce milieu et aux extrémités on met des poids qui font couler la corde au fond quand on la jette à l'eau. On prend deux bateaux, puis on plante un pieu dans l'eau quand on est par les jalons d'un alignement; on fait courir l'autre bateau, traînant après lui une corde attachée à ce pieu dans la direction du second alignement, et quand on le trouve assez loin, on lui fait planter un second pieu sur lequel il roidit bien la corde; on lui fait alors planter un troisième pieu dans l'eau 4 mètres dans une direction parallèle à la première; on en fait autant de son côté, et on attache également une corde à ces deux pieux.

On relie alors les deux bateaux par des traverses qui les tiennent la quille à 4 mètres l'un de l'autre.

Toutes ces dispositions prises, on coule la corde de manière que les poids extrêmes soient à environ 4 mètres l'un de l'autre; puis, prenant une certaine distance, on se hale à bord de chaque bateau bien également sur une des

Fig. 10. Bateau à glace. Page 83.

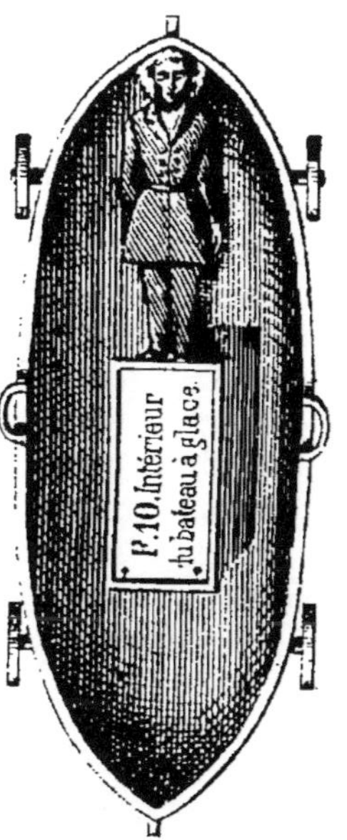

F. 10. Intérieur du bateau à glace.

cordes que l'on avait placées. Comme cela on est sûr que si dans la bande de 4 mètres que l'on suit il se trouve un obstacle, la drague vous arrêtera ou l'enlèvera. Quand on a exploré cette bande en se servant de la limite extrême comme point de départ, on recommence ; on peut ainsi explorer une zone d'un kilomètre en un jour.

Si c'est dans une eau courante que le malheur est arrivé, il faut encore s'y prendre de la même manière, en remontant le courant et faire bien visiter les criques qui existent dans la rivière, car c'est souvent là que les retours et autres accidents d'eau courante apportent les cadavres quand ils reviennent à flot.

33e LEÇON

— Quels sont les premiers soins que vous donnez à la personne que vous sauvez, quand elle a perdu connaissance, mais quand vous croyez qu'elle vit encore ?

A cet égard, je vais vous donner l'instruction que la Société Humaine de Dunkerque donne à ses agents, et je vais l'extraire du *Guide pratique de sauvetage* de M. Conseil, attendu que les précautions étant les mêmes, soit qu'on opère sur une côte ou une rivière, je ne crois pouvoir mieux faire que de la prendre là.

« Plusieurs causes peuvent amener l'asphyxie :

« 1° L'asphyxié a séjourné un certain temps sous l'eau.

« 2° Il a respiré des gaz méphitiques.

« 3° L'asphyxie est produite par l'ivresse.

« 4° Elle est produite pour avoir descendu sans précaution dans des lieux bas et humides (un puits, par exemple). Dans tous ces cas, c'est une affection mortelle qui demande les secours les plus éclairés, les plus prompts et les plus persévérants.

« *Asphyxie par immersion.* En attendant le médecin,

quand on a porté l'asphyxié où l'on peut lui donner des secours (au poste de sauvetage, s'il y en a un et qu'il ne soit pas trop éloigné), il faut éviter : 1° en le portant, tout mouvement brusque : 2° de suspendre la personne par les pieds pour soi-disant lui faire rendre l'eau qu'elle a bue, car c'est le moyen le plus prompt de la tuer par suite de congestion cérébrale ; 3° de la mettre étendue tout en bas, par le même motif, car les effets de ce traitement barbare sont les mêmes que dans le cas précédent ; 4° de frotter l'asphyxié avec du sel ou des liqueurs spiritueuses ; 5° de lui faire des injections de fumée de tabac. Les cinq préceptes qui précèdent sont applicables aux asphyxiés en général. Ceux qui vont suivre sont plus particulièrement applicables aux noyés.

Dès qu'on a pu saisir la personne, il faut la traîner à terre sans secousses, et ne pas essayer de la porter, surtout de la charger sur les épaules, afin de ne pas lui donner de mouvements brusques ; il vaut mieux, dans ce cas, si on ne se sent la vigueur pour porter la personne sur les bras, comme on porterait une femme ou un enfant, la traîner à reculons (surtout si c'est sur le sable, où la chose est facile) que de la porter même à deux personnes. On conçoit que nous n'engageons à traîner ainsi que hors de l'eau, sur la rive, car si on traînait ainsi une personne jusqu'au poste de sauvetage, on la fatiguerait énormément, ce qu'il faut éviter à tout prix. Quand on a une civière à caléfacteur, on la pose auprès de l'asphyxié; deux sauveteurs, après l'avoir prestement déshabillé (en lacérant ses habillements, s'il le faut), le prennent doucement et adroitement, et le couchent sur le côté droit, la tête sur l'oreiller, et cette partie du corps ainsi que les épaules un peu élevées, puis ils la couvrent bien avec les couvertures, et allument le caléfacteur ; puis ils se mettent à deux dans les brancards, et marchant bien au pas, sans secousse aucune, ils l'apportent au poste ou à l'endroit où on pourra lui procurer des secours plus efficaces. On concevra de quelle importance il est de s'habituer à ces différents exercices, quand on pensera qu'il ne reste souvent à cette personne qu'une étincelle de vie, et que le moindre mouvement brusque pourrait la faire éteindre.

« Inutile de dire ici que, dans le trajet de la rive au poste, on doit préserver le patient du contact de l'air à l'aide de la carapace de la civière.

« Si l'asphyxié paraît bien bas, on se garde de le remuer de son lit de douleur; non, c'est là qu'on lui donne les premiers soins, jusqu'à ce que sa situation permette qu'on le pose sur un lit bien bassiné, pour qu'il soit chaud.

« Nous avons oublié de dire que dès que l'asphyxié a été posé sur la civière, on lui a nettoyé la bouche et les narines des mucosités qui les embarrassaient, afin de lui faciliter la respiration.

« Puis on lui applique aux narines quelques sels volatils, (esprit de corne de cerf, ammoniac ou tout autre); c'est pourquoi chaque sauveteur doit être muni d'un petit flacon de l'un de ces sels.

« Quand on est au poste, toujours en attendant le médecin, on travaille à réchauffer doucement le corps, en lui passant sur le dos et sur le ventre une bassinoire enveloppée dans un morceau de flanelle ou de linge, en appliquant des bouteilles d'eau chaude ou des briques chaudes également enveloppées sur le ventre, aux aisselles, entre les cuisses, sous la plante des pieds, et l'on fait sur le corps des frictions avec des flanelles chaudes, et si on est à même de mettre le corps dans un bain à la chaleur de 100° Fareinheit (66° centigrades), il faut le faire.

« Faire des injections avec une pinte d'eau-de-vie et d'eau chaude.

« Quant à l'électricité, à moins que l'on ne soit fort expert à en user, elle ne doit être appliquée que par le médecin.

« Si c'est une personne nue que l'on a sauvée, ce qui arrive souvent en été, quand il y a des baigneurs, si ce n'est pas au cœur de l'été, il ne faut pas perdre un moment pour le couvrir avec quoi que ce soit. Mais on ne saurait trop se presser de transporter l'asphyxié au poste le plus voisin. »

34e LEÇON

— *Mais on n'a pas partout une civière à caléfacteur; comment faut-il faire alors ?*

Porter l'asphyxié dans un drap, dans une couverture, si on n'a pas de civière à caléfacteur dans tous les postes, on peut au moins en avoir une comme celle dont le guide donne le dessin, qui se compose d'une forte toile ayant environ 90 centimètres de large sur chaque lé; on fera un ourlet de 10 centimètres de large, dans lequel on passe des bâtons; plaçant un matelas sur cette civière et y posant l'asphyxié, le couvrant bien, quand il est la tête sur l'oreiller, avec les couvertures, il sera encore facile de le transporter sans secousses (voir fig. 12). Mais veut-on perfectionner cette civière, on n'a qu'à y ajouter un châssis en bois de sapin, qui coûtera un franc, et le noyé sera plus facilement transporté.

Il ne faut jamais être exclusif en fait d'engins de sauvetage, à moins qu'on ne l'ait expérimenté et qu'il soit bien démontré qu'ils sont très-faciles à mettre en œuvre par tout le monde. Surtout éviter les objets mécaniques, fragiles et dispendieux, car, tout bons qu'ils soient, on ne les emploiera pas ou ils risquent trop d'être avancés.

Quand on est arrivé à donner des soins à l'asphyxié à

poste fixe, on peut aider à rétablir sa respiration en passant par-dessous lui, jusqu'aux aisselles, un drap lacéré en huit à dix bandes, sur les deux bouts, laissant seulement une distance de 50 à 60 centimètres au milieu. Quand il est passé sous l'asphyxié, on croise les bandes une à une, de manière que chacune d'elles se trouve entre deux du côté opposé. Puis, les réunissant, deux personnes, une de chaque côté, tirent à elles ces bandes, de manière à comprimer la poitrine de l'asphyxié, puis, elles les lâchent, et une troisième, pesant sur cette poitrine, insuffle de l'air soit avec la bouche, soit autrement, dans la bouche du patient; puis on recommence; cela fait l'effet d'un soufflet et rétablit, s'il en est temps encore, la respiration. Tous ces soins se donnent simultanément avec les autres moyens indiqués, briques chaudes, frictions, etc., etc.; d'ailleurs on trouve à cet égard des instructions dans toutes les boîtes de secours.

— *Malgré que ce ne soit pas dans une rivière, un lac ou un cours d'eau quelconque qu'une personne est tombée à l'eau, l'asphyxié qu'on retire d'un puits, d'une mare, n'en est pas moins un asphyxié, et celui qui le ramène à la vie son sauveteur. Comment vous y prenez-vous pour aller au secours d'une personne tombée dans un puits, dans une fosse d'aisance, dans un endroit enfin où on risque de trouver des gaz méphitiques?*

Comme la prudence n'est pas exclue du dévouement, je me fais amarrer une corde autour du corps ou je m'amarre sur la corde à puits elle-même si je la crois assez solide pour me supporter avec la personne que je veux sauver; je prends avec moi une autre corde, et alors je descends dans le puits, où je tâche d'attraper le cadavre de l'asphyxié et de l'amarrer avec la corde dont je me suis muni. Afin qu'on nous retiré tous deux, et souvent tous deux nous avons besoin de secours. Voici le traitement indiqué en pareil cas :

« 1° Placer le corps dans un lieu frais;

« 2° Jeter de l'eau froide sur la figure, le cou et la poitrine;

« 3° Si le corps est déjà froid, employer pour ramener la chaleur les mêmes procédés que pour les autres noyés ;

« 4° Rétablir la respiration par les mêmes procédés. »

Surtout ne pas se rebuter d'un insuccès prolongé.

35e LEÇON

— *Quand vous trouvez une personne asphyxiée par le froid mais qui respire encore, que faut-il faire?*

Si l'accident est arrivé par la température, il faut s'empresser de la réchauffer par des frictions vigoureuses et des moyens semblables; mais avant qu'on n'ait ramené chez elle un peu de chaleur vitale, ne pas l'approcher du feu, on risquerait de lui faire avoir une congestion cérébrale; appeler le plus tôt possible un médecin. Si on est à portée d'une étable, la déshabiller et l'enterrer jusqu'au cou dans le fumier chaud jusqu'à ce qu'on voit la figure s'empourprer.

Si c'est par le froid de la pluie ou de la neige, il faut commencer par la déshabiller promptement; dans le premier cas agir comme ci-dessus, après l'avoir frottée avec de l'eau froide.

Dans le second, la frotter avec de la neige, de la glace pliée ou, à défaut, de l'eau froide, pour lui ramener un peu de chaleur naturelle, et ensuite lui appliquer le même traitement qu'aux asphyxiés par l'eau.

— Si vous vous trouviez dans un endroit où une personne est frappée de la foudre et en est asphyxiée seulement?

Il faut lui appliquer le même traitement qu'à l'asphyxié par des gaz méphitiques.

— Vous arrivez à temps pour couper la corde à un pendu, mais il est déjà asphyxié; que faites-vous?

Je lui applique le même traitement qu'aux noyés, de plus je lui pratique une saignée, si je sais le faire, aussitôt que le médecin le jugera convenable.

— L'apoplexie est une sorte d'asphyxie; comment donnez-vous les premiers secours à une personne qui vient d'être frappée d'apoplexie?

Je fais placer le corps le plus tôt possible dans un lieu frais, je retire la cravate ou ce qui peut serrer le cou. Il faut saigner cette personne aussitôt que possible, puis lui raser immédiatement la tête et y appliquer des compresses trempées d'eau froide, des esprits et du vinaigre; il faut éviter surtout les stimulants.

— Souvent l'ivresse produit une sorte d'asphyxie fort dangereuse, l'ivresse par les liqueurs alcooliques particulièrement; comment faites-vous revenir un homme ivre?

Placer le corps sur un lit, avec la tête élevée, ôter la cravate, qui peut gêner la respiration, appliquer sur la tête des linges trempés d'eau froide, et mettre aux mollets ainsi qu'aux pieds des bouteilles d'eau chaude ou des briques bien chaudes; mais comme cette situation peut déterminer des accidents imprévus, appeler de suite un médecin.

36e LEÇON

— *Comment traitez-vous les personnes frappées d'un coup de soleil ?*

Je leur applique le même traitement qu'aux apoplectiques.

— *Comment les créoles s'y prennent-ils en pareil cas ?*

Ils font placer la personne dans le lieu le plus frais possible, lui rasent la tête, remplissent d'eau froide un de ces flacons où on met les cornichons, les câpres, etc., et que dans le pays on nomme *pobant;* adroitement elles renversent la bouche du pobant sur la tête de la personne qui a le coup de soleil, et l'y promènent en comprimant avec cette bouche le cuir chevelu de telle manière que l'eau ne s'échappe pas du pobant; quand elles voient des bulles s'échapper de l'eau et remonter au fond du pobant ; renversé, elles en concluent qu'elles sont sur l'endroit où le soleil a produit sa principale action, car un coup de soleil est presque toujours l'effet d'un rayon qui vous frappe là ou là. Et, renouvelant sans cesse l'eau fraîche sur cet endroit, elles pompent, disent-elles, le coup de soleil. Le fait est que ce traitement est souvent souverain et que bien des personnes lui doivent la vie.

— *Quels sont les coups de soleil que vous considérez comme les plus dangereux?*

Ce sont ceux qui arrivent par un temps nébuleux ; il se fait une trouée dans un nuage, un rayon ardent de soleil passe par ce trou et vous atteint; on dirait que ce rayon est le foyer de plusieurs autres, et ses effets dans un tel cas sont terribles.

C'est ce que les créoles nomment recevoir un coup de soleil à l'ombre.

Tels sont sommairement les premiers secours que tout le

monde peut prodiguer dans de tels accidents, mais il faut se rappeler qu'il est d'une extrême imprudence d'agir par sa propre impulsion à moins qu'on y soit forcé, et faire appeler un médecin aussitôt que possible.

Il ne faut pas non plus se rebuter si pendant plusieurs heures on n'a aucun succès dans ses soins quand on les donne à un asphyxié; il est des personnes qui ne donnent les premiers symptômes d'existence qu'après des heures d'un travail opiniâtre sur leur corps et on a vu rester 5, 6 et même 7 heures à employer tous les moyens indiqués et sans succès, avant de voir pointer un rayon d'espoir et cependant les rappeler à la vie.

Il ne faut jamais perdre un moment pour donner les premiers soins à un asphyxié si on est à portée de le faire. Se débarrasser surtout de ce préjugé ridicule qui chez les gens du peuple, presque en général, fait attendre la police avant de toucher à un cadavre. Combien de malheurs sont arrivés par cette fatale opinion, combien de personnes auraient été rappelées à la vie, qui sont mortes victimes de ce malheureux préjugé!

Il ne faut pas non plus croire que les soins soient inutiles à donner à une personne qui a été pendant un quart d'heure et même une demi-heure sous l'eau. On en a vu revenir à la vie après ce laps de temps. Voici, du reste, les symptômes généraux auxquels on reconnaît que les soins sont absolument inutiles :

Quand, après avoir eu les dents serrées au point de devoir quelquefois en casser une ou plusieurs pour introduire quelques cordiaux ou insuffler de l'air dans la bouche de l'asphyxié, on parvient à le faire aisément; quand ses mains, qui étaient crispées, s'ouvrent sans effort, ce sont des symptômes funestes, et rarement on fait changer cette situation.

Chacun doit étudier ces symptômes, car chacun se doit à ses semblables, et à tout moment de pareils cas d'asphyxie arrivent.

SIXIÈME SECTION

Des précautions à prendre par les propriétaires riverains contre les débâcles et les débordements.

37e LEÇON.

— *Quelles sont les précautions à prendre par les propriétaires riverains contre les débâcles et les débordements des eaux courantes?*

Elles dépendent de la nature des terrains qui les bordent; s'ils sont garantis par des rochers, il n'y a rien à faire.

Si, au contraire, les terrains sont en saillie, il faut, au moment des basses eaux, les garantir par un talus en pierre d'une forme la plus arrondie possible et dont les matériaux sont bien cimentés entre eux, surtout en amont, car on peut être sûr que si un dégât est produit par le fléau, c'est de ce côté qu'il commencera.

Si l'administration le permet, on plante une certaine quantité de pieux dans une direction tangente à la courbe amont, et dessus on cloue quelques planches; se sont des guide-eau, qui tiennent au talus du côté d'amont;

elles ont la propriété de rejeter les glaçons et le courant au large des terres, et bientôt, comme l'eau y fait retour en aval, on forme une rive de très-bonnes vases qui peut souvent être utilisée pour continuer de faire un talus autour de ces parties saillantes.

Si on ne peut pas faire faire un talus, alors il faut tâcher d'obtenir de faire une palissade avec des pieux enfoncés dans la rivière autour de la rive exposée. On la formera alors de deux rangs de pieux, le premier perpendiculaire et touchant autant que possible à la rive; le second éloigné de deux mètres à la base et incliné de manière à n'avoir qu'un mètre au haut; clouer sur ces pieux de bons madriers, et sur ceux en dedans faire un bon clayonnage; remplir l'intervalle avec de la terre, et quand cela est bien fait, une telle palissade équivaut presque à un talus en pierre.

— Souvent il arrive que des portions de terrain sous l'eau peuvent être desséchées; comment s'y prendrait-on quand on n'a pas d'ingénieur pour faire un tel travail, pour faire une digue solide?

En Hollande, qui est le pays le plus avancé en fait de digues, les digues de mer sont faites d'algues marines, de coquilles de mer et de terre placées par couches alternatives, et sont fort solides. Les digues de l'intérieur sont formées par des herbes qui croissent au fond de l'eau, de la terre et des pierres ou des briques placées par couches alternatives, et elles sont aussi fort solides. Pourquoi n'imiterait-on pas ces maîtres de l'endiguage, en employant à cet effet les herbes, les filets surtout, qui croissent dans les rivières? Il en résulterait deux bons effets : le premier de nettoyer les bords des rivières, le second, de bien consolider ses digues. N'en résulterait-il pas des inconvénients au point de vue de l'empoissonnage et d'augmentation de la force des courants?

Nous ne savons : il faut consulter à cet égard les ingénieurs des ponts et chaussées.

38e LEÇON

— *Qui est-ce qui cause ordinairement la rupture d'une digue ?*

C'est qu'il s'y fait des infiltrations.

— *Quel moyen peut-on employer pour s'apercevoir s'il se forme des infiltrations dans une digue ?*

Pratiquer au pied de la digue, en dedans, un petit fossé bien enduit de glaise et divisé par des espèces de cloisonnages en terre de deux mètres; planter dans ces petites douves un bâton marqué pour faire connaître le niveau de l'eau qui y monte par suite de la pluie. Si on s'aperçoit que dans une de ces petites douves l'eau est montée plus rapidement que dans les autres, il ne faut pas en douter, il y a là un commencement d'infiltration. C'est alors de bien visiter la position de la digue qui y correspond ; mais il ne suffit pas de visiter vis-à-vis seulement, car souvent l'infiltration suit une route oblique, puisqu'on est averti qu'elle existe, il faut la trouver, coûte que coûte, car l'infiltration commence souvent par un filet d'eau gros comme un tuyau de plume ; mais si on n'y porte pas de suite remède, en peu de temps cette fuite peut faire des ravages affreux, car ordinairement ces infiltrations sont la suite d'une pression extraordinaire de l'eau ; quand il y a gonflement, alors tout le temps que la pression existe, la cause persiste à détruire, et si on n'en bouche pas l'orifice, en peu de temps elle aura percé la digue.

Il peut se faire que ces infiltrations aient une cause contraire à la pression. En été, la chaleur peut dessécher les terres de telle façon qu'elles se fendillent ; alors, si on n'a pas soin, dès que la saison devient moins chaude, de voir où se trouvent ces crevasses et de les boucher avec d'autres terres glaises ou autres moyens, comme elles ne se fermeront pas hermétiquement quand l'humidité les atteindra, il peut se faire que des infiltrations nombreuses se fassent à la digue, et en peu de temps la détruisent, livrant des terres précieuses à une dévastation ruineuse.

Mais lorsque la digue a une certaine étendue les pluies peuvent accumuler un volume d'eau assez considérable pour qu'il soit difficile de l'extraire. Dans ce cas un propriétaire ou des propriétaires riverains peuvent employer soit une pompe *Gowin*, soit une autre machine qui, allant de douve en douve, les épuise, à moins que par un contre-talus ménagé sur les terres endiguées, on ne les utilise à l'irrigation intérieure; ce qui serait mieux.

Du reste, pour tous ces travaux d'art que l'on peut faire sur un cours d'eau, il en est comme des soins que l'on doit donner à un asphyxié : tout en prenant les premières mesures que prescrit la circonstance, il faut appeler le plus tôt possible l'homme de la science, c'est-à-dire un ingénieur des ponts et chaussées, car il a mille ressources contre vous une.

39e LEÇON

— Vous nous avez parlé de l'emploi de porte-amarres, vous nous avez même donné la description du porte-amarre d'Houdetot, qui est fort ingénieux ; est-ce que ces moyens n'ont d'autre application que celle d'être lancés à une personne qui se noie?

En effet, leur application directe est d'être lancés pour sauver une personne qui se noie ; mais ils ont encore bien d'autres applications, puisque l'on peut avec ce fusil, ou les porte-amarres en général, lancer une amarre qui mette en communication tous les points qui sont à portée avec celui qui leur lance le porte-amarre ; ainsi, un bateau chavire : c'est à l'aide d'un porte-amarre qu'on se met en communication avec les malheureux qui sont dessus. Une maison est envahie par les eaux : c'est avec l'aide du porte-amarre que vous envoyez aux habitants qui sont huchés sur le toit, et vont y périr, des vivres, une échelle de corde, que vous établissez avec eux d'une maison voisine qui, étant située sur un tertre, n'est pas envahie par les eaux, un va-et-vient au moyen duquel vous les sauvez toutes. Le porte-amarre est vraiment un précieux engin de sauvetage.

— *Un bateau chargé fait une voie d'eau et coule avant d'avoir pu gagner la berge; comment le relevez- vous? Il a une petite portion qui est presque à fleur d'eau.*

S'il est à une petite distance de la berge, mais assez loin pour qu'on puisse passer un bateau entre la terre et lui, je commence par le décharger entièrement et, ensuite je lui passe des cordages par-dessous. J'y fais alors conduire un bateau chargé de chaque côté, puis je fais placer mes cordages de soutenement sur ces bateaux amarrés. Enfin, je prends deux autres bateaux à peu près de la force de ceux que je viens de placer, et j'y décharge les deux bateaux faisant presque corps avec le bateau coulé ; puis, à mesure qu'ils montent sur l'eau, ils soulèvent celui-ci et bientôt j'en ai les hauts hors de l'eau ; alors, il n'est pas difficile de le soulever assez pour aveugler la voie d'eau et le conduire jusqu'où il y a un chantier à terre.

— *Mais si c'était par une grande profondeur d'eau que le bateau se fût enfoncé, qu'il y en ait 3 ou 4 mètres par-dessus lui, comment opéreriez-vous ?*

Il est reconnu qu'un corps immergé, surtout à une certaine profondeur, est plus facile à lever que celui qui n'est qu'en partie couvert, car l'eau qui en supporte la coque lui donne une flottaison naturelle. L'important est de le lever par une de ses extrémités pour passer des chaînes de soutenement par-dessous ; si on y parvient, il faut opérer comme nous venons de le dire ; mais seulement, comme lorsque les deux bateaux chameaux l'auront soulevé, il sera encore loin d'être à fleur d'eau, il faut l'aller échouer un peu plus loin, recharger les bateaux, reprendre les appareils; quand ils sont repris, décharger de nouveau les bateaux, et l'on aura encore remonté le bateau coulé d'un mètre ou plus; puis recommencer ainsi cinq ou six fois, et on le ramène à flot, à moins qu'on ne lui applique le procédé Viaud, que l'inventeur a nommé *hydrostat*, mais qui est peu connu.

40e LEÇON

— *Vous nous avez parlé d'un chameau; qu'est-ce que c'est qu'un chameau en termes de sauvetage?*

Le chameau est, à proprement parler, une grande boîte façonnée sur le flanc d'un navire auquel on l'attache, et qui le soulève et le transporte dans les endroits où il n'y a pas assez d'eau pour qu'il y passe naturellement. Ainsi, à Rochefort, par exemple, avant que la Charente n'ait été creusée de profondeur, on avait des chameaux pour descendre les vaisseaux jusqu'à Fouras. Mais ici ce n'est pas le cas: au lieu de faire passer un navire sur un danger, on l'exhume, si nous pouvons nous exprimer ainsi, de son liquide tombeau.

La grande difficulté, en pareil cas, est de décharger le bateau, et cependant il faut vaquer à ces soins, car souvent un bateau coulé non-seulement est une perte pour son propriétaire, mais devient un danger pour la navigation.

— Si on n'avait pas de bateaux pour faire ce relevage comment opérerait-on?

On ferait deux espèces de chameaux avec des pipes vides à l'esprit-de-vin et deux longs mâts. Voici comment on manierait ces futailles deux à deux : on les mettrait sur une ligne, la bonde en-dessus, et dans l'intervalle qu'elles laisseraient entre elles on coucherait une mâture; puis on saisirait bien cette mâture avec les amarrages qui joignent deux pièces ensemble ; si donc on mettait sept de ces pipes sur chaque rang, on aurait un chameau qui pourrait porter 9,800 kilog., je mets 9,840, car les futailles flottent naturellement et le bois aussi ; il ne faut donc pas déduire leur poids; chacun de ces chameaux pouvant lever 9,800 kilog., les deux lèveront 19 tonneaux 600 kilog. ; or, une pareille quantité d'air peut soulever 30 tonneaux au moins quand le corps à lever est à fleur d'eau, et 40 quand il est immergé à une certaine profondeur.

On place alors les deux chameaux, ou des deux côtés du bateau à lever, s'il est presque à fleur d'eau, ou l'un près de l'autre, par-dessus, s'il est coulé assez bas pour qu'on puisse le faire et avoir encore au moins un mètre d'eau en-dessous ; on remplit tous les fûts pour qu'ils coulent le plus possible. Alors on amarre fortement sur le mât les chaînes qui sont sous le bateau , puis on pompe dehors en commençant par les deux bouts du chameau et en venant vers le milieu l'eau qu'on a mis dans les fûts, et comme ils lèvent, ils enlèvent le bateau de la quantité dont ils montent sur l'eau ; puis on continue avec ces chameaux, comme nous l'avons indiqué avec les bateaux, on a renfloué le bateau qu'on veut élever.

41e LEÇON

— N'avez-vous pas d'autres avis à donner pour atténuer les conséquences d'une inondation?

Oui, quelques-uns que dans l'occasion il sera bon de suivre. Ainsi :

Les personnes qui se trouvent dans une telle circonstance ne doivent point s'abandonner à la douleur que leur cause un tel accident et perdre leur temps en gémissements inutiles, mais elles doivent réfléchir et voir non-seulement les désastres qui peuvent arriver, mais aussi les moyens de les combattre; c'est pourquoi le propriétaire qui fait bâtir une maison dans une plaine qui peut être inondée doit prendre les précautions suivantes :

1° Connaître le niveau du tertre sur lequel il bâtit, relativement au niveau maximum de la rivière ou du fleuve, pour savoir jusqu'à quelle hauteur au plus pourra monter l'eau autour de sa maison dans une inondation ;

2° Faire faire cette maison moitié en terre ou en briques, moitié en bois, et que ce bois soit assez enfoui dans la terre pour ne pas avoir à craindre que les briques se désagrégeant, la maison s'écroule; pour ce faire, il est bon d'avoir des espaces entre deux briques ;

3° Avoir autant que possible les ouvertures faciles à condamner du côté d'amont et très-faciles à ouvrir du côté d'aval, non pour empêcher la maison d'être envahie par l'eau, mais pour que dans l'intérieur il ne se produise pas de courant tendant à abattre ;

4° Quand l'eau gagne les étages supérieurs, au lieu de tâcher de l'empêcher d'entrer, lever une des planches du plancher supérieur et même faire un trou dans le plafond, s'il y en a, pour que l'eau monte sans efforts ;

5° Consolider bien plus le bas que le haut de la maison

et faire le toit et la partie supérieure d'une construction plus légère que la base.

Je ne m'étendrai pas plus loin sur ce sujet, car il dépasse mes connaissances. Je laisse à d'autres, plus savants que moi, le soin de compléter ce petit ouvrage qui, ainsi que je l'ai dit en commençant, n'a été composé que pour donner des notions premières de sauvetage aux enfants. Il fallait un précédent, je me suis résolu à le faire, bien que sentant mon incapacité pour le bien écrire; puisse le public, en faveur du motif qui m'a fait entreprendre ce sujet, avoir de l'indulgence pour l'écrivain et lui savoir gré de ses intentions inspirées par une longue expérience et un sincère désir d'être utile.

J.-A. CONSEIL.

TABLE DES MATIÈRES

DEUXIÈME SECTION.

TROISIÈME SECTION.

QUATRIÈME SECTION.

CINQUIÈME SECTION.

FIN DE LA TABLE DES MATIÈRES.

Paris. — Imprimerie Paul Dupont, rue de Grenelle-Saint-Honoré, 45.

PARIS — Imp. PAUL DUPONT, rue de Grenelle-St-Honoré, 45.

www.ingramcontent.com/pod-product-compliance
Ingram Content Group UK Ltd.
Pitfield, Milton Keynes, MK11 3LW, UK
UKHW021101200726
13857UKWH00003B/1051